能源与电力分析年度报告系列

2020

世界500强电力企业比较分析报告

国网能源研究院有限公司 编著

中国电力出版社

CHINA ELECTRIC POWER PRESS

内 容 提 要

《世界500强电力企业比较分析报告》是能源与电力分析年度报告系列之一，主要针对《财富》杂志评选出的年度世界500强企业，从世界经济发展趋势、中国上榜企业整体情况、上榜电力企业情况、先进电力企业管理案例和典型企业未来发展态势等方面进行分析。

本报告适合能源电力企业管理人员、行业分析人员、财务咨询人员、国家政策制定者及科研工作者参考使用。

图书在版编目（CIP）数据

世界500强电力企业比较分析报告.2020/国网能源研究院有限公司编著.—北京：中国电力出版社，2020.11

（能源与电力分析年度报告系列）

ISBN 978-7-5198-5171-2

Ⅰ.①世…　Ⅱ.①国…　Ⅲ.①电力工业－工业企业－对比研究－研究报告－世界－2020　Ⅳ.①F416.61

中国版本图书馆CIP数据核字（2020）第226077号

出版发行：中国电力出版社
地　　址：北京市东城区北京站西街19号（邮政编码100005）
网　　址：http://www.cepp.sgcc.com.cn
责任编辑：刘汝青（010-63412382）　董艳荣
责任校对：黄　蓓　常燕昆
装帧设计：赵姗姗
责任印制：吴　迪

印　　刷：北京瑞禾彩色印刷有限公司
版　　次：2020年11月第一版
印　　次：2020年11月北京第一次印刷
开　　本：787毫米×1092毫米　16开本
印　　张：11.5
字　　数：155千字
印　　数：0001—2000册
定　　价：88.00元

前　言
PREFACE

　　进入 21 世纪，世界经济呈现前所未有的融合竞争态势，大型集团公司作为反映世界经济发展的风向标，综合实力与发展潜力广为各界关注。世界 500 强企业是全球经济运行中最为核心和活跃的主体，其变动态势同步于世界经济发展，波动程度略大于世界经济变动。世界 500 强企业是世界经济发展的风向标，是了解各经济体发展态势的导航仪，是把握行业发展动向、分析行业潜力的窗口。《财富》杂志每年发布的世界 500 强榜单，一直是衡量全球大型公司最著名的榜单。

　　2005 年以来，国网能源研究院有限公司以年度报告形式对《财富》世界 500 强企业进行持续跟踪，系统研究各年度上榜企业总体情况及主要特点，深度分析上榜电力企业在发展战略、业务范围、财务状况等方面的现状、动向和趋势，为政府部门、企业管理者和社会各界提供决策参考。

　　北京时间 2020 年 8 月 10 日，《财富》杂志发布 2020 年度世界 500 强企业排名，我国上榜企业数量连续 17 年保持强劲增势，达到 133 家，较上年增长 4 家，再创历史新高，连续第二年超过美国（121 家），中、美继续领跑全球。500 强企业总营业收入、入围收入门槛同比分别增长 1.93%、2.38%，增速较上一年均有所放缓，总利润则同比下降 4.29%。中央企业依然占据我国上榜企业主导地位，中国石化、国家电网、中国石油分别位居第二、三、四位。国家电网经营稳健，排名升至第三，为全球电力行业中唯一进入 500 强榜单前 10 名的企业。

　　1929 年，美国人亨利·卢斯在经济大萧条背景下创办了《财富》杂志。

1955 年起^❶，《财富》杂志在每年 7 月中上旬评出"全球最大 500 家公司"排行榜，即"财富世界 500 强"榜单（简称世界 500 强）。当前影响力较大的企业经营实力排行榜还包括福布斯 2000 强（Forbes 2000）和金融时代 500 强（FT 500）。其中，福布斯 2000 强排名以营业收入、利润、资产总额和市值（各占 25%）为基础开展综合评价，仅限于上市公司；金融时代 500 强则以市值为主要依据，排名仅限于发达国家。相比较而言，世界 500 强排名标准简洁清晰，涵盖企业范围广泛，与全球经济发展速度、区域竞争格局及行业生命周期等情况密切相关，广为各界关注。

需要说明的是，由于跨国能源企业普遍开展多元化经营，以电力作为主营业务的大型企业，通常也经营天然气及其他能源服务等相关业务，世界 500 强榜单行业划分中并未单独列示电力行业，因此本报告中涉及的电力企业主要指以电力生产、输送、配售为主营业务的企业。

本报告共分为 6 章。第 1 章为 500 强看世界，主要介绍榜单反映的世界经济发展趋势、行业结构变迁、重点企业排名变动及与相近榜单比较情况。第 2 章为 500 强看中国，主要分析榜单反映的中国企业发展、行业结构转型、国有民营企业并进等情况。第 3 章为 500 强看电力企业，主要介绍上榜电力企业排名、国别分布情况，比较分析上榜电力企业的盈利能力、债务风险、资产效率、投资能力等相关指标变化趋势。第 4 章为 500 强看电力企业管理，主要分析杜克能源、南苏格兰电力、Exelon 公司在资产状态监测、资产多维管理及信用风险管理方面的领先举措。第 5 章为 500 强看未来，主要分析 500 强企业面临的挑战、新冠肺炎疫情对行业的冲击及疫情后的"明星"企业。第 6 章为结束语，总结主要研究结论与展望。

本报告写作团队为国网能源研究院有限公司财会与审计研究所 500 强项目

---

❶ 1989 年之前，《财富》世界 500 强榜单仅涵盖非美国工业企业，名为"International 500"（即国际 500 强，而世界 500 强则基于美国公司进行排名）。1990 年开始，美国公司加入国际 500 强排名，直到 1996 年，世界 500 强开始采用目前统一格式，按营业收入进行排名。

组，其中概述由王龙丰主笔，第 1、5 章由张佳颖主笔，第 2、3、4 章由李阳主笔，第 6 章由李有华主笔，全书由李成仁、李有华统稿，王龙丰校核。

本报告在编写过程中，得到了国家电网有限公司财务资产部、国际部和中国电力企业联合会等机构的大力支持，在此表示衷心感谢！

限于作者水平及掌握资料，虽然对书稿进行了反复研究推敲，但难免仍会存在疏漏与不足之处，恳请读者谅解并批评指正！

编著者

2020 年 10 月

目　录
CONTENTS

概　　述

世界 500 强企业经营策略随世界经济环境而动、经营绩效与世界经济表现同步，分析世界 500 强企业排行榜单变化、企业经营典型特征，对于把握宏观经济发展规律、研判中观行业发展趋势、分析微观企业经营问题具有重要意义。能源电力企业是世界 500 强排行榜中的重要角色，对上榜电力企业的分析对我国电力体制改革推进、电力企业经营策略优化也具有借鉴启示意义。2019 年，世界经济增速放缓，中美贸易摩擦呈现常态化，能源市场竞争格局的深度调整仍在持续。通过世界 500 强榜单分析发现，中国经济正在高质量发展的道路上稳步前进，中国电力企业以稳健的经营、优秀的业绩、适应时代要求的转型升级，为中国经济高质量发展提供了坚强保障。

2020 年世界 500 强榜单主要呈现如下特征：

（一）上榜数量与排名情况

第一，中国上榜企业数量与排名稳定增长，中国内地上榜企业数量首超美国。 中国（含港台地区）上榜企业数量 133 家，其中内地 117 家、香港地区 7 家、台湾地区 9 家，上榜企业比 2019 年度增加 4 家，再创历史新高，连续两年超过美国，位居首位；中国内地（含香港）企业数量 124 家，首次超过美国。中国上榜企业排名较 2019 年度有升有降，升多于降，133 家上榜企业中，有 78 家名次提升，55 家名次下降。

第二，全球电力企业上榜数量呈缩减趋势，中国上榜电力企业数量位居榜首。 2020 年度全球共有 20 家电力企业上榜，德国莱茵集团退榜；中国有 7 家电力企业上榜，上榜数量与上一年度持平，仍居各国首位，上榜电力企业最高排名为我国的国家电网，位列第 3 名。

（二）上榜企业经营业绩情况

第一，全球上榜企业总体经营业绩增速放缓，中国上榜企业业绩持续向好。 世界 500 强企业营业总收入 33.3 万亿美元，同比增加 1.9%、增幅比 2019 年度下降 7 个百分点；总利润 2.1 万亿美元，同比减少 4.3%；中国企业盈利状况不断向好，中国 133 家上榜企业中有 124 家实现盈利，盈利数量和盈利占比均为近 5 年最高，其中 48 家国资委管理的上榜中央企业中 46 家实现盈利，盈利企业数量为历年之最。但除互联网行业外，我国上榜企业在能源、医疗保健、金融等行业的人均营业收入水平均低于全行业平均水平。

第二，上榜电力企业经营业绩下滑，中国上榜电力企业盈利能力较弱。上榜电力企业中有 8 家企业利润同比下滑，10 家企业收入同比下降，韩国电力和英国森特理克出现亏损，Uniper 公司扭亏。上榜电力企业整体收入增长率降低 5.7 个百分点，利润增长率降低 4.0 个百分点。我国上榜企业规模优势明显，但盈利能力较弱，我国国家电网营业收入、利润、资产和股东权益规模均位列首位，在盈利为正的电力企业中，中国上榜电力企业净利率和资产收益率最低。

（三）上榜企业行业结构特征与转型发展

第一，上榜企业行业结构分布特征稳定，中国上榜企业行业结构持续优化。金融行业中上榜数量最多，利润贡献度最高；能源行业上榜数量总体稳定，利润贡献度不及收入贡献度；互联网行业上榜企业排名均有所上升，发展活力强劲。我国上榜企业行业分布以劳动密集型与资本密集型行业为主，知识密集型企业不及西方发达国家，但互联网行业企业数量逐步增长且形成总数占比上的优势，展现了产业结构转型的良好势头；占比靠前的行业以垄断性行业为主，部分行业市场化改革仍有待推进。

第二，全球上榜电力企业经营模式多样，国际化战略助力市场竞争优势培育。国外上榜电力企业多为发电、输电、配电、售电一体化运作，以欧洲电力企业为代表的清洁低碳转型成为电力企业转型发展的主要趋势。面对经济发展低迷、电力需求饱和的形势，美国、欧洲以及日韩等地区的电力企业，借助资产重组、股权并购、项目投资及项目建设承包与咨询服务等方式，加速国际市场拓展与国际业务布局。

（四）后疫情时代上榜企业发展新动向

第一，疫情对经济的影响持久深远，预计 2021 年度 500 强入围门槛增长率

将降低约 5%。受疫情影响，2020 年全球经济下行，整体进入衰退状态。由于世界经济发展与 500 强整体发展具有高度的一致性，预计 2021 年度世界 500 强入围门槛也将同步呈现下滑态势。航空和能源行业受疫情影响较大，与之对应的 500 强企业营收预计大幅下滑。航空业 2021 年度或将无企业上榜。能源行业排名将整体下滑，并预计 400 名以外的上榜能源企业将大面积退榜，原先排名前列的能源企业会有一定程度的下降。

第二，疫情催化下，线上零售、线上办公等业态加速发展，典型互联网企业发展前景可期。互联网行业近年发展动力强劲，排名持续上升，疫情对互联网行业负面影响也相对较小。与此同时，疫情正面推动"宅经济"纵深发展，以亚马逊、腾讯等为代表的互联网企业受益于线上办公、线上交易等活动的增加，2020 年前三季度营收报告抢眼。在疫情持续的情境下，相关业务仍有较大增长空间，2021 年度，亚马逊和腾讯或将在本年度的排名基础上进一步提升。

1

500 强看世界

1.1 上榜企业与世界经济发展趋势分析

1.1.1 世界 500 强营收变化与世界经济增长趋势分析

世界 500 强企业是全球经济运行中最为核心和活跃的主体。如图 1-1 所示，通过对 2001－2019 年度世界 500 强企业营业收入增长率与全球 GDP 增长率的比较分析发现，世界 500 强企业营业收入变动基本与世界经济发展同步，世界 500 强经营状况与世界经济发展状况呈现出高度的趋同性，表明微观主体业绩波动与宏观经济增长具有趋势上的一致性，也表明 500 强可以作为观察宏观经济发展趋势与阶段性特征的窗口。

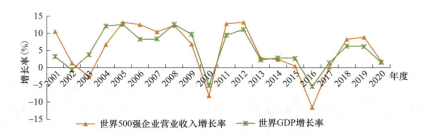

图 1-1　2001－2020 年度世界 GDP 与世界 500 强企业营业收入变化情况

资料来源：根据《财富》网站及世界银行数据资料整理。

1.1.2 世界 500 强入围门槛变化趋势分析

如图 1-2 所示，从总体趋势来看，世界 500 强入围门槛呈上升趋势，表明全球经济在近二十年总体呈较为稳定的增长状态。2011 年度，全球经济呈现上扬态势，500 强入围门槛也随之提高，门槛增长率也达到自 2005 年来最高水平；2016 年度全球经济步入下行通道，世界 500 强入围门槛也随之降低。2020 年度，进入世界 500 强的企业门槛上升至 254 亿美元，与 2001 年度相比增加了 151 亿元，与 2010 年度相比增加 83 亿元，但与 2019 年度相比仅增加了 5.88

亿，增长率低于自 2001 年来的平均增长率。总体上，世界 500 强门槛变化趋势与全球经济增长走势具有一致性，入围门槛的变化也一定程度上反映了经济发展状况。

图 1-2   2001—2020 年度世界 500 强入围门槛变化情况

资料来源：根据《财富》网站及世界银行数据资料整理。

1.1.3　榜单变迁与国家地区竞争实力格局分析

（一）中、美两国上榜企业数量领跑全球

加入世界贸易组织后的首年，即 2001 年度进入排行榜的中国企业仅为 11 家，以后呈逐年迅速增加的态势。在之后的十年，中国上榜企业数量超过了德国、法国和英国，并于 2019 年超过美国，成为全球上榜企业数量最多的国家，2020 年度中国上榜企业数量连续两年蝉联榜首，且中国内地（含香港）上榜企业数量首次超过美国。分行业看，中国内地企业在钢铁、煤炭、石油石化、建筑、纺织等行业中上榜数量位居世界首位，优势明显。

近二十年，美国上榜企业数量由 183 家缩减至 121 家，目前上榜总数被中国赶超，降至全球第二名。因为美国经济更加侧重发展服务业，所以在民生和消费品领域中，美国上榜企业数量优势更为明显。近二十年世界 500 强上榜企业国别分布情况见表 1-1。

表 1-1 世界 500 强上榜企业国别分布情况

排名	国别	上榜数量（家）		
		2001 年度	2010 年度	2020 年度
1	中国	11	42	133
2	美国	183	139	121
3	日本	104	71	53
4	法国	37	39	31
5	德国	34	37	27
6	英国	34	30	21
7	韩国	11	10	14
8	瑞士	11	14	14
9	加拿大	15	11	13
10	荷兰	9	13	12

资料来源：根据《财富》网站数据资料整理。

（二）中国上榜数量与规模优势未形成明显盈利优势

2020 年度世界 500 强榜单中，中国上榜企业的平均盈利水平（34.8 亿美元）处在中等偏上水平，但尚未达到世界 500 强企业的平均水平（42.5 亿美元），与美国上榜企业平均利润（70.1 亿美元）相差近一倍。因此，上榜企业数量上的"庞大"不等同于盈利能力的"强大"，上榜企业的数量优势与规模优势并未形成明显盈利能力优势，中国企业还需进一步提升国际竞争力，才能真正实现从"量变"到"质变"的高质量发展。近二十年世界 500 强企业平均利润变化情况见表 1-2。

表 1-2 世界 500 强企业平均利润变化情况（分国别）

排名	国别	平均净利润（亿美元）		
		2001 年度	2010 年度	2020 年度
1	美国	17.5	19.7	70.1
2	瑞士	24.5	28.4	42.6
3	加拿大	6.4	12.3	37.9
4	中国	11.5	28.1	34.8

续表

排名	国别	平均净利润（亿美元）		
		2001 年度	2010 年度	2020 年度
5	英国	10.9	33.7	28.1
6	德国	15.6	8.1	27.0
7	荷兰	33.7	12.8	26.5
8	法国	11.1	16.5	25.5
9	韩国	8.5	17.0	21.5
10	日本	4.2	8.1	16.7
	世界平均水平	12.7	16.6	42.5

资料来源：根据《财富》网站数据资料整理。

1.2　行业结构变迁与经济发展动能分析

1.2.1　金融与能源行业挑大梁

近二十年来，入围世界 500 强的典型行业上榜企业数量、营业收入占比及利润占比变化情况见表 1-3，典型行业上榜企业数量、营业收入占比及利润占比变化情况呈现以下主要特征：

金融行业上榜数量最多，利润贡献度最高。2020 年度世界 500 强榜单中，120 家金融企业的营业收入总额和利润总额分别为 54 309 亿美元和 6801 亿美元，占世界 500 强企业营业收入和净利润总额的 16.3%、33.0%。2020 年度，金融行业中有 50 家银行（商业储蓄）上榜，数量最多，占金融行业企业上榜数量的 41.7%，但较之 2019 年度减少了 4 家。

能源行业上榜数量总体稳定，利润贡献度不及收入贡献度。2020 年度，能源行业上榜企业数量为 63 家，与 2019 年度上榜企业数量持平。上榜能源企业营业收入为 54 960 亿美元，同比下降 5.2%。2020 年度榜单前 10 名中，能源企业占据半数，收入、利润分别占 63 家能源企业总和的 31.9%、21.7%。

表 1 - 3　典型行业上榜企业数量、营业收入占比及利润占比变化情况

行业名称	上榜企业数量（家）		
	2001 年度	2010 年度	2020 年度
金融	105	122	120
能源	44	62	63
医疗保健	14	22	25
车辆与零部件	29	29	34
互联网	1	2	7

行业名称	营业收入占比情况		
	2001 年度	2010 年度	2020 年度
金融	16.4%	20.0%	16.3%
能源	12.4%	16.8%	16.5%
医疗保健	2.4%	4.1%	5.7%
车辆与零部件	9.4%	7.1%	8.4%
互联网	0.1%	0.2%	2.3%

行业名称	利润占比情况		
	2001 年度	2010 年度	2020 年度
金融	25.9%	17.1%	33.0%
能源	16.4%	24.8%	11.8%
医疗保健	6.8%	10.6%	6.1%
车辆与零部件	4.9%	—①	4.1%
互联网	0.0%	0.8%	5.0%

资料来源：根据《财富》网站数据资料整理。

① 2010 年度，车辆与零部件行业利润为 - 3.06 亿美元。

1.2.2　中国上榜企业数量在各大行业榜单名列前茅

在各行业的上榜企业数量榜单中，中国均具有明显的优势。

能源行业中，中国上榜企业数量飞速增长，2001 年度仅有 2 家企业上榜，在 2010 年度已超过俄罗斯、日本和印度等国家。在 2020 年度榜单中已达 21 家企业上榜，比排在第二位的美国多出近三倍，比排在第三名的印度多近六倍。

能源行业上榜企业数量国别分布情况见表1-4。

表1-4   能源行业上榜企业数量国别分布情况

序号	国别	能　源		
		上榜企业数量（家）		
		2001 年度	2010 年度	2020 年度
1	中国	2	7	21
2	美国	16	9	8
3	印度	1	5	4
4	俄罗斯	2	5	3
5	英国	2	3	3
6	巴西	1	3	2
7	德国	1	1	2
8	法国	2	3	2
9	韩国	3	2	2
10	日本	5	5	2

资料来源：根据《财富》网站资料整理。

金融行业中，美国一直占据榜首位置，中国企业从2001年仅有4家企业增长至2020年的24家企业，比第三名的日本高出一倍多。中国上榜企业中，工商银行、建设银行、农业银行位列利润榜前10强，分列第4、6、9位。美国上榜企业中，伯克希尔-哈撒韦公司、摩根大通公司、美国银行分别列利润10强榜中的第2、7、10位。金融行业上榜企业数量国别分布情况见表1-5。

表1-5   金融行业上榜企业数量国别分布情况

序号	国别	金　融		
		上榜企业数量（家）		
		2001 年度	2010 年度	2020 年度
1	美国	31	35	31
2	中国	4	9	24
3	日本	18	12	11
4	加拿大	7	6	8

续表

序号	国别	金融		
		上榜企业数量（家）		
		2001 年度	2010 年度	2020 年度
5	英国	9	11	8
6	法国	6	7	6
7	德国	11	9	5
8	瑞士	5	4	5
9	巴西	2	3	4
10	荷兰	4	3	4

资料来源：根据《财富》网站资料整理。

医疗保健行业中，美国上榜企业数量遥遥领先。相较于美国、德国，中国的医疗保健企业进入榜单较晚，2013 年度中国医药集团以第 446 名首次上榜，成为中国第一家上榜的医疗保健行业企业。2020 年度美国上榜医疗保健行业企业数量是并列第二的德国、中国的 4 倍。榜单前 100 中，美国占 4 家，分别是 CVS Health 公司、麦克森公司、美源伯根公司以及信诺公司。医疗保健行业上榜企业数量国别分布情况见表 1-6。

表 1-6 　　　　　　医疗保健行业上榜企业数量国别分布情况

序号	国别	医疗保健		
		上榜企业数量（家）		
		2001 年度	2010 年度	2020 年度
1	美国	9	11	12
2	德国	1	3	3
3	中国	—	—	3
4	日本	—	3	2
5	瑞士	2	2	2
6	爱尔兰	—	—	1
7	法国	—	1	1
8	英国	2	2	1

资料来源：根据《财富》网站资料整理。

车辆及零部件行业中，近二十年来，日本上榜企业数量一直领先于其他国家，德国、法国上榜企业数量长期保持稳定；中国后来者居上，本年度上榜企业数量已攀至第二位。2020 年度，前 100 强中，德国占 4 家，为大众、戴姆勒、宝马、博世；中国、日本各占 3 家，中国上榜企业为上汽集团、一汽集团、东汽集团，日本上榜企业为丰田、本田、日产；美国、韩国各占一家，分别为福特、现代。车辆及零部件行业上榜企业数量国别分布情况见表 1-7。

表 1-7　　　　　　车辆及零部件行业上榜企业数量国别分布情况

序号	国别	车辆及零部件		
		上榜企业数量（家）		
		2001 年度	2010 年度	2020 年度
1	日本	11	9	10
2	中国	—	3	7
3	德国	5	6	6
4	法国	3	3	3
5	韩国	1	1	3
6	美国	6	3	2
7	加拿大	1	1	1
8	瑞典	1	1	1
9	印度	—	1	1
10	意大利	1	1	—

资料来源：根据《财富》网站资料整理。

互联网行业中，2008 年度只有 1 家企业（欧图集团）上榜，2008 年度之后，谷歌、亚马逊等企业纷纷进入榜单。2020 年度互联网行业上榜企业共有 7 家，中国占 4 家，分别是京东、阿里巴巴、腾讯、小米；美国占 3 家，分别是亚马逊、谷歌、脸书（Facebook 公司）。这些互联网大公司的排名较上一年度均有提升，其中排名提升幅度最大的是阿里巴巴，较 2019 年度上升 50 位。互联网行业上榜企业数量的增长与排名提升情况与互联网经济及数字经济的蓬勃发展的趋势相吻合，中国互联网行业上榜企业数量占比逾半数，表明中国正紧紧把握数字经济发展的历史机遇，努力推动互联网行业的跨越式发展。互联网行业上榜企业数量国别分布情况见表 1-8。

表 1-8 互联网行业上榜企业数量国别分布情况

序号	国别	互 联 网		
		上榜企业数量（家）		
		2001 年度	2010 年度	2020 年度
1	中国			4
2	美国		2	3
3	德国	1		
	总计	1	2	7

资料来源：根据《财富》网站资料整理。

1.2.3 中国行业人均营业收入水平尚有待提升

从各行业人均收入的总体水平看，除互联网行业外，我国上榜企业在能源、医疗保健、金融等行业的人均收入水平均低于全行业平均水平，表明我国在生产制造类产业中的劳动生产率与社会生产力发展水平尚具有较大的提升空间；而 2020 年度我国能源行业与金融行业的上榜企业的人均收入水平与全行业平均水平的差距较 2001 年度大幅收窄，表明我国社会生产力处于快速发展期。

金融行业中，近二十年来，各国人均营业收入均有所增长，其中涨幅较大的是澳大利亚、美国、俄罗斯。2020 年度，澳大利亚、美国、瑞士、加拿大 4 个国家人均营业收入超过全行业平均水平，其中，澳大利亚、美国人均收入超过 10 万美元；瑞士、加拿大人均收入为 7 万美元左右；中国、巴西金融行业人均收入为 6.1 万美元，比平均水平低 0.6 万美元。金融行业人均营业收入国别分布情况见表 1-9。

表 1 - 9   金融行业人均营业收入国别分布情况

国别	金融行业人均营业收入（万美元）		
	2001 年度	2010 年度	2020 年度
澳大利亚	4.2	6.2	13.9
美国	4.7	− 0.8	12.0
瑞士	5.1	4.2	7.8
加拿大	2.8	3.5	7.0
全行业平均水平	2.9	1.9	6.7
中国	0.1	2.6	6.1
巴西	1.0	3.6	6.1
英国	3.2	3.9	5.2
俄罗斯	—	0.2	4.6
法国	3.5	2.9	4.6
韩国	2.6	2.2	4.2
意大利	2.1	2.8	3.5
西班牙	1.8	5.5	3.4
日本	2.2	2.6	3.2
德国	3.1	1.5	2.7
荷兰	5.3	1.7	2.7
印度	—	0.9	1.1

资料来源：根据《财富》网站数据资料整理。

能源行业中，各国上榜企业人均营业收入两极分化现象明显。2020 年度，荷兰拔得头筹，为 424 万美元，荷兰仅有壳牌上榜，营业收入排在世界第五，沙特阿拉伯仅有沙特阿美上榜，本年度营业收入略低于壳牌，人均收入（417.4 万美元）也略低于荷兰。美国、泰国、意大利等国家的人均营业收入水平均超过 200 万美元。墨西哥、俄罗斯、中国等国家人均营业收入低于平均水平，其中，土耳其人均收入最低，仅为 29.1 万美元，中国、俄罗斯人均收入在 35 万美元左右。能源行业人均营业收入国别分布情况见表 1 - 10。

表 1 - 10   能源行业人均营业收入国别分布情况

国别	能源行业人均营业收入（万美元）		
	2001 年度	2010 年度	2020 年度
荷兰	—	348.3	424.2
沙特阿拉伯	—	—	417.4
挪威	140.8	360.3	300.6
美国	157.1	260.8	259.4
泰国		185.4	255.5
意大利	64.5	349.6	248.1
瑞士	—	52.5	243.8
加拿大	—	169.3	228.0
日本	213.5	267.8	218.9
西班牙	114.3	196.1	208.9
英国	45.7	140.0	195.9
澳大利亚	42.6	187.2	156.0
德国	36.6	263.9	132.9
奥地利	—	—	132.3
波兰	—	109.4	129.7
马来西亚	82.3	122.6	121.7
韩国	250.6	85.9	102.2
巴西	69.3	84.8	88.4
法国	47.0	86.6	87.3
全行业平均水平	36.7	62.2	73.1
墨西哥	31.2	64.2	57.9
俄罗斯	7.5	22.2	36.2
中国	3.5	16.3	34.5
土耳其	—	30.2	29.1

资料来源：根据《财富》网站数据资料整理。

医疗保健行业中，2020 年度美国、日本、瑞士上榜企业人均营业收入高于全行业平均水平。其中，美国最高为 68.7 万美元；日本位列第二，与美国相差 5 万美元。英国、法国等国家均低于平均水平，其中德国最低，为 23.0 万美元，中国与爱尔兰水平相当，为 30 万美元左右。医疗保健行业人均营业收入国别分布情况见表 1-11。

表 1-11　　　　　医疗保健行业人均营业收入国别分布情况

国别	医疗保健行业人均营业收入（万美元）		
	2001 年度	2010 年度	2020 年度
美国	28.4	44.5	68.7
日本	—	—	63.7
瑞士	28.8	43.4	56.5
全行业平均水平	28.3	38.5	48.7
英国	27.7	48.5	43.3
法国	—	38.1	41.9
爱尔兰	—	—	30.3
中国	—	—	30.0
德国	—	14.0	23.0

资料来源：根据《财富》网站数据资料整理。

互联网行业中，中国的表现可圈可点。2016 年度之前，中国无互联网企业进入榜单，2016 年度京东第一次进入榜单，2017 年度之后，阿里巴巴、腾讯、小米上榜。2020 年度，中国上榜企业人均营业收入比全行业平均水平高 2.2 万美元，高出美国 3.2 万美元。京东、阿里、腾讯和小米的人均营业收入分别为 36.7 万美元、62.2 万美元、86.8 万美元和 164 万美元。互联网行业人均营业收入国别分布情况见表 1-12。

表 1-12　　　　　互联网行业人均营业收入国别分布情况

国别	互联网行业人均营业收入（万美元）		
	2001 年度	2010 年度	2020 年度
中国	—	—	56.5
全行业平均水平	27.1	11.6	54.3

续表

国别	互联网行业人均营业收入（万美元）		
	2001 年度	2010 年度	2020 年度
美国	—	11.6	53.3
德国	27.1	—	—

资料来源：根据《财富》网站数据资料整理。

1.3　2020 年度榜单排名变化分析

1.3.1　榜单前 20 名的企业变化分析

从国别上看，世界 500 强排名前 20 的企业中，美国 8 家上榜，领先于其他国家，中国 4 家上榜，德国 2 家上榜，英国、韩国、日本、荷兰、瑞士、沙特阿拉伯各有 1 家企业上榜。

从排名变化上看，前 20 家企业排名上升或下降的幅度均较小，其中排名上升最为明显的是 CVS Health 和亚马逊，排名较上年度分别提升 6 位和 4 位。排名下降最为明显的为三星电子和埃克森美孚，分别下降 4 位和 3 位。亚马逊于本年度第一次进入前 10 强行列。具体排名及变化情况见表 1-13。

表 1-13　　　　2020 年度榜单前 20 名企业基本情况

2020 年度排名	上年排名	排名变化	公司名称	营业收入（百万美元）	利润（百万美元）	国家地区
1	1	0	沃尔玛	523 964	14 881	美国
2	2	0	中国石化	407 009	6793	中国
3	5	2	国家电网	383 906	7970	中国
4	4	0	中国石油	379 130	4443	中国
5	3	−2	皇家壳牌	352 106	15 842	荷兰
6	6	0	沙特阿美	329 784	88 211	沙特阿拉伯
7	9	2	大众公司	282 760	15 542	德国

续表

2020 年度排名	上年排名	排名变化	公司名称	营业收入（百万美元）	利润（百万美元）	国家地区
8	7	-1	英国石油	282 616	4026	英国
9	13	4	亚马逊	280 522	11 588	美国
10	10	0	丰田汽车	275 288	19 096	日本
11	8	-3	埃克森美孚	264 938	14 340	美国
12	11	-1	苹果公司	260 174	55 256	美国
13	19	6	CVS Health 公司	256 776	6634	美国
14	12	-2	伯克希尔 - 哈撒韦公司	254 616	81 417	美国
15	14	-1	联合健康集团	242 155	13 839	美国
16	17	1	麦克森公司	231 051	900	美国
17	16	-1	嘉能可	215 111	-404	瑞士
18	21	3	中国建筑	205 839	3333	中国
19	15	-4	三星电子	197 705	18 453	韩国
20	18	-2	戴姆勒	193 346	2661	德国

资料来源：根据《财富》网站资料整理。

1.3.2　榜单排名提升的企业分析

排名提升幅度前 50 名的企业中，上升幅度超过 200 名的有 2 家，上升幅度在 100 名至 200 名之间的有 2 家，上升幅度在 100 名以下的有 18 家。

金融企业在前 50 名中占 22 家，将近一半的数量，其中英国保诚集团、加拿大宏利金融上升幅度超过 200 名；互联网零售企业占 5 家，分别为阿里巴巴、小米、Facebook、腾讯和京东，其中阿里巴巴排名提升幅度最高，上升 50 位；房地产企业占 3 家，为保利集团、万科和碧桂园，全部来自中国，较上年度分别提升 51 名、46 名、30 名。能源企业占 2 家，为意昂集团和国家电投，分别提升 93 位、46 位。2020 年度排名提升幅度位列前 50 名企业情况如表 1-14 所示。

表 1 - 14 　　　　　2020 年度排名提升幅度位列前 50 名企业情况

2020 年度排名	排名变化	公司名称	营业收入（百万美元）	利润（百万美元）	国家	行业
80	292	英国保诚集团	93 736	783	英国	人寿与健康保险（股份）
181	237	宏利金融	59 969	4222	加拿大	人寿与健康保险（股份）
32	197	信诺	153 566	5104	美国	保健：药品和其他服务
170	183	英国劳埃德银行集团	64 297	3733	英国	银行：商业储蓄
250	138	友邦保险	47 242	6648	中国	人寿与健康保险（股份）
236	118	日本出光兴产株式会社	48 892	- 211	日本	炼油
139	99	苏黎世保险集团	71 792	4147	瑞士	财产与意外保险（股份）
233	99	瑞士再保险股份有限公司	49 314	727	瑞士	财产与意外保险（股份）
255	93	意昂集团	46 861	1753	德国	能源
374	81	国泰金融控股股份有限公司	33 511	2031	中国	人寿与健康保险（股份）
107	74	恒力集团	80 588	2077	中国	纺织
367	74	安徽海螺集团	33 916	1773	中国	建材、玻璃
424	74	泰康保险集团	29 502	3212	中国	人寿与健康保险（互助）
321	71	德国中央合作银行	39 144	1895	德国	银行：商业储蓄
323	68	前进保险公司	39 022	3970	美国	财产与意外保险（股份）
403	68	富邦金融控股股份有限公司	31 013	1893	中国	人寿与健康保险（股份）
430	67	蒙特利尔银行	29 160	4333	加拿大	银行：商业储蓄
383	66	StoneX 集团	32 897	85	美国	多元化金融

续表

2020 年度排名	排名变化	公司名称	营业收入（百万美元）	利润（百万美元）	国家	行业
335	60	可口可乐公司	37 266	8920	美国	饮料
392	59	中国太平保险集团有限责任公司	31 912	586	中国	人寿与健康保险（互助）
191	51	中国保利集团	57 147	2031	中国	房地产
132	50	阿里巴巴集团	73 166	21 450	中国	互联网服务和零售
199	49	法国国家人寿保险公司	54 365	1580	法国	人寿与健康保险（股份）
368	48	美国诺斯洛普格拉曼公司	33 841	2248	美国	航天与防务
208	46	万科企业股份有限公司	53 253	5627	中国	房地产
316	46	国家电力投资集团公司	39 407	180	中国	能源
422	46	小米集团	29 795	1454	中国	互联网服务和零售
263	45	好事达	44 675	4847	美国	财产与意外保险（股份）
355	45	联合服务汽车协会	35 617	4006	美国	财产与意外保险（股份）
234	43	厦门建发集团有限公司	49 170	667	中国	贸易
451	42	赛峰集团	28 424	2739	法国	航天与防务
127	41	Centene 公司	74 639	1321	美国	保健：保险和管理医保
388	41	西北互助人寿保险公司	32 294	1268	美国	人寿与健康保险（互助）
144	40	Facebook 公司	70 697	18 485	美国	互联网服务和零售
197	40	腾讯控股有限公司	54 613	13 507	中国	互联网服务和零售
298	40	象屿集团	41 135	220	中国	贸易
358	40	加拿大丰业银行	35 101	6314	加拿大	银行：商业储蓄
210	39	物产中大集团	51 954	396	中国	贸易
111	38	中国宝武钢铁集团	79 932	2901	中国	金属产品
102	37	京东集团	83 505	1764	中国	互联网服务和零售

续表

2020 年度排名	排名变化	公司名称	营业收入（百万美元）	利润（百万美元）	国家	行业
253	36	中国光大集团	46 957	1990	中国	银行：商业储蓄
405	35	斯巴鲁公司	30 758	1404	日本	车辆与零部件
217	34	中国铝业公司	51 649	273	中国	金属产品
223	33	加拿大皇家银行	50 863	9678	加拿大	银行：商业储蓄
461	33	Achmea 公司	27 593	537	荷兰	人寿与健康保险（互助）
462	33	Rajesh Exports 公司	27 590	170	印度	贸易
329	32	青山控股集团	38 012	826	中国	金属产品
419	31	英美资源集团	29 870	3547	英国	采矿、原油生产
147	30	碧桂园	70 335	5725	中国	房地产
119	29	雷神技术公司	77 046	5537	美国	航天与防务

资料来源：根据《财富》网站数据资料整理。

1.3.3 榜单排名下降的企业分析

排名下降幅度前 50 名企业中，下降幅度超过 100 名的有 1 家，为英国森特理克集团；下降幅度在 50 名至 100 名之间的有 14 家，下降幅度不超过 50 名的有 35 家。

分行业看，能源企业下降幅度最明显。50 家企业中有 19 家是能源企业，其中英国森特理克下降幅度最大，下降 129 位。金融企业占 6 家，分别是澳大利亚西太平洋银行、德意志银行、巴西布拉德斯科银行、意大利联合信贷集团、澳洲联邦集团和荷兰国际集团，其中下降幅度最大的是西太平洋银行，下降 58 位。2020 年度排名下降幅度位列前 50 名的企业情况如表 1 - 15 所示。

表 1 - 15　　　2020 年度排名下降幅度位列前 50 名的企业情况

2020 年度排名	排名变化	公司名称	营业收入（百万美元）	利润（百万美元）	行业
440	- 129	英国森特理克集团	28 934	-1305	公用设施
337	- 72	印度塔塔汽车公司	37 242	-1703	车辆与零部件

续表

2020 年度排名	排名变化	公司名称	营业收入（百万美元）	利润（百万美元）	行业
447	−71	GS 加德士	28 541	388	炼油
371	−69	路易达孚集团	33 786	230	食品生产
434	−67	中国兵器装备集团	29 063	988	航天与防务
492	−62	西班牙能源集团	25 991	1568	公用设施
406	−59	冀中能源集团	30 666	−114	采矿、原油生产
491	−58	西太平洋银行	26 001	4772	银行：商业储蓄
347	−57	霍尼韦尔国际公司	36 709	6143	电子、电气设备
169	−56	Equinor 公司	64 357	1843	炼油
262	−55	Finatis 公司	45 045	−616	食品店和杂货店
131	−53	Uniper 公司	73 652	683	能源
121	−53	波音	76 559	−636	航天与防务
291	−52	德意志银行	41 780	−6033	银行：商业储蓄
297	−50	邦吉公司	41 140	−1280	食品生产
471	−48	KOC 集团	27 053	774	能源
268	−47	巴西布拉德斯科银行	44 491	5331	银行：商业储蓄
384	−47	Enterprise Products Partners 公司	32 789	4591	管道运输
120	−46	巴西国家石油公司	76 589	10 151	炼油
245	−45	雷普索尔公司	47 544	−4271	炼油
469	−44	联合信贷集团	27 169	3775	银行：商业储蓄
360	−44	利安德巴塞尔工业公司	34 727	3390	化学品
416	−43	澳洲联邦银行	29 967	6127	银行：商业储蓄
467	−41	三星人寿保险	27 291	839	人寿与健康保险（股份）
439	−40	江森自控国际公司	28 969	5674	工业机械
484	−39	德科集团	26 221	814	多元化外包服务
133	−38	墨西哥石油公司	72 820	−18 039	采矿、原油生产
481	−37	三星 C&T 公司	26 396	901	贸易

续表

2020 年度排名	排名变化	公司名称	营业收入（百万美元）	利润（百万美元）	行业
302	−36	采埃孚	40 873	392	车辆与零部件
345	−36	全球燃料服务公司	36 819	179	能源
380	−35	佳能	32 961	1148	计算机、办公设备
308	−35	山东魏桥创业集团有限公司	40 426	792	纺织
309	−34	巴拉特石油公司	40 410	431	炼油
151	−34	印度石油公司	69 246	−126	炼油
227	−34	韩国电力公司	50 257	−2013	公用设施
390	−33	铃木汽车	32 086	1235	车辆与零部件
159	−33	Engie 集团	67 220	1101	能源
479	−33	任仕达公司	26 500	678	多元化外包服务
248	−33	蒂森克虏伯	47 358	−343	金属产品
342	−32	荷兰国际集团	36 990	4369	银行：商业储蓄
175	−32	雷诺	62 160	−158	车辆与零部件
196	−32	欧尚集团	54 672	−1638	食品店和杂货店
281	−31	中国机械工业集团有限公司	43 122	452	工业机械
402	−31	东芝	31 179	−1054	电子、电气设备
190	−30	印度石油天然气公司	57 171	1538	采矿、原油生产
113	−30	埃尼石油公司	79 513	166	炼油
499	−30	山西阳泉煤业（集团）有限责任公司	25 491	−82	采矿、原油生产
348	−29	康菲石油公司	36 670	7189	采矿、原油生产
352	−29	中国航天科技	36 209	2628	航天与防务
476	−29	拉法基豪瑞集团	26 589	2235	建材、玻璃

资料来源：根据《财富》网站数据资料整理。

1.4　世界 500 强前 20 名企业对标福布斯榜单、全球市值 100 强榜单排名

1.4.1　福布斯榜单和全球市值榜单

（一）福布斯榜单

福布斯全球 2000 强排行榜以销售额、利润、资产和市价四个指标对上市公司进行排行。市价计算依据为 2020 年 4 月 30 日的收盘价。首先，根据每个指标中前 2000 名企业的排名情况，创建销售 2000 强、利润 2000 强、资产 2000 强和市值 2000 强列表。每个列表都有一个最低截止值，以便企业确认资格。企业必须至少达到其中一个名单的最低截止值，才能有资格参与全球 2000 强排名。2020 年度，大约需要 3600 家企业填写四份名单。根据四个指标的具体情况，每家企业均会在四个列表中获得单独的分数。如果排名低于任何度量标准的 2000 列表截止值，则该指标的得分为零。将所有四个指标（均等加权）的所有分数相加，然后根据每个企业在销售、利润、资产和市场价值方面的排名编制综合得分。最后按照综合得分进行排序得到全球 2000 强排行榜。福布斯榜单全球前 20 名情况见表 1 - 16。

表 1 - 16　　　　福布斯榜单全球前 20 名情况

2020 年度排名	公司名称	国家	营业收入（亿美元）	利润（亿美元）	资产（亿美元）	市场价值（亿美元）
1	中国工商银行	中国	1772	453	43 225	2423
2	中国建设银行	中国	1621	389	38 220	2038
3	摩根大通	美国	1429	300	31 394	2917
4	伯克希尔 - 哈撒韦公司	美国	2546	814	8177	4554
5	中国农业银行	中国	1487	309	36 975	1472
6	沙特阿美	沙特阿拉伯	3298	882	3983	16 848

续表

2020 年度排名	公司名称	国家	营业收入（亿美元）	利润（亿美元）	资产（亿美元）	市场价值（亿美元）
7	平安保险集团	中国	1550	188	12 186	1872
8	美国银行	美国	1121	241	26 200	2086
9	苹果公司	美国	2677	572	3204	12 855
10	中国银行	中国	1354	272	33 870	1128
11	美国电话电报公司	美国	1792	144	5454	2186
12	丰田汽车	日本	2805	227	4951	1733
13	Alphabet（谷歌母公司）	美国	1663	345	2734	9193
13	埃克森美孚	美国	2560	143	3626	1966
13	微软	美国	1386	463	2854	13 590
16	三星电子	韩国	1976	184	3049	2787
17	美国富国银行	美国	989	143	19 813	1188
18	花旗集团	美国	1044	171	22 198	1011
19	沃尔玛	美国	5240	149	2365	3444
20	威瑞森通信	美国	1314	184	2945	2377

资料来源：根据《福布斯全球 2000》网站及相关资料整理。

福布斯榜单前 2000 强中，中国工商银行、中国建设银行、摩根大通 3 家金融企业占据榜单前 3 位。分国别看，美国优势明显，前 20 名中占 12 席；中国占 5 席，日本、韩国、沙特阿拉伯各占 1 席。分行业看，金融行业上榜企业最多，前 20 名企业中一半都是金融企业。

（二）全球市值 100 强榜单

普华永道根据全球上市公司 2020 年 3 月 31 日的股票市值排出"2020 年度全球市值 100 强上市公司"排行榜，该榜单前 20 名如表 1-17 所示。

表 1-17 全球市值 100 强榜单前 20 名

2020 年度排名	公司名称	国家	行业
1	沙特阿美	沙特阿拉伯	能源
2	微软	美国	科技

2020 年度 排名	公司名称	国家或地区	行业
3	苹果	美国	科技
4	亚马逊	美国	消费者服务
5	Alphabet（谷歌母公司）	美国	科技
6	阿里巴巴	中国	消费者服务
7	Facebook 公司	美国	科技
8	腾讯	中国	科技
9	伯克希尔 - 哈撒韦公司	美国	金融
10	强生	美国	医疗保健
11	沃尔玛	美国	消费者服务
12	维萨公司	瑞士	金融
13	雀巢公司	瑞士	消费者产品
14	罗氏集团	瑞士	医疗保健
15	摩根大通	美国	金融
16	宝洁	美国	消费者产品
17	中国工商银行	中国	金融
18	万事达	美国	金融
19	联合健康集团	美国	医疗保健
20	台积电	中国台湾	科技

资料来源：根据普华永道全球市值 100 强网页及相关资料整理。

全球市值 100 强榜单前 20 强中，沙特阿美位居榜首，微软、苹果、亚马逊、谷歌紧随其后。分行业看，科技行业上榜 6 家企业，上榜企业数量最多，排名都较为靠前。金融企业上榜 5 家企业，与科技企业上榜数量相近，但整体排名较为靠后。

1.4.2　榜单排名对标

世界 500 强榜单前 20 名在全球市值榜中排名靠前的有沙特阿美（第 1 位）、苹果（第 3 位）、伯克希尔 - 哈撒韦公司（第 9 位）。三个榜单的排名依据不同，世界 500 强、市值 100 强榜单分别以营业收入与市场价值作为排名依据，福布斯排行榜则更侧重于企业的综合经营情况。从榜单排名比较来看：第一，互联网科技类企业的市场预期较高。亚马逊、苹果公司等互联网科技公司的市值排名高于收入排名，意味着市场互联网科技类企业成长性的预期要高于其现有经营情况，以核心技术维持竞争力的企业的前景要好于依靠重资产经营的企业。第二，传统能源类企业的市场预期较低。除沙特阿美以外，中国石油、中国石化、壳牌、英国石油、埃克森美孚等传统能源类企业的市值与综合排名均显著低于收入排名，从资本市场的角度看传统能源企业成长性较差，即便是具有庞大资产规模，其未来价值创造能力仍不被市场看好，传统能源企业的转型压力较大。世界 500 强榜单前 20 名在福布斯榜单、全球市值 100 强榜单分布情况如表 1-18 所示。

表 1-18　世界 500 强榜单前 20 名在福布斯榜单、全球市值 100 强榜单排名情况

公司名称	世界 500 强榜单	福布斯榜单	全球市值 100 强榜单
沃尔玛	1	19	11
中国石化	2	60	—
国家电网	3	—	—
中国石油	4	32	—
皇家壳牌	5	21	53
沙特阿美	6	6	1
大众公司	7	23	—
英国石油	8	357	100
亚马逊	9	22	4
丰田汽车	10	12	29
埃克森美孚	11	13	42
苹果公司	12	9	3
CVS Health 公司	13	40	—
伯克希尔 - 哈撒韦公司	14	4	9
联合健康集团	15	24	—

续表

公司名称	世界 500 强榜单	福布斯榜单	全球市值 100 强榜单
麦克森公司	16	535	—
嘉能可	17	484	—
中国建筑	18	79	—
三星电子	19	16	21
戴姆勒	20	326	—

2

500 强看中国

2.1　500 强看中国企业发展壮大

2.1.1　中国上榜企业数量增长排名提升

2020 年度，我国有 133 家企业进入世界 500 强，其中内地 117 家、香港地区 7 家（华润、招商局、太平保险、联想注册地为香港，计入香港地区上榜企业）、台湾地区 9 家。与上一年度相比，香港地区上榜企业数量持平，台湾地区减少 1 家（台塑石化）。内地上榜企业中，中央企业 56 家、地方国企 33 家、民营企业 28 家。2001—2020 年度中国上榜企业数量变化情况如图 2-1 所示。

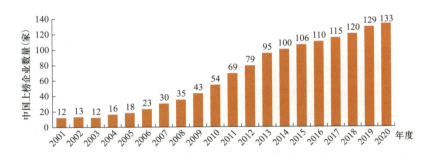

图 2-1　2001—2020 年度中国上榜企业数量变化情况

资料来源：根据《财富》网站相关资料整理。

整体来看，中国上榜企业数量保持持续上升趋势，年复合增长率高达 13.5%，2020 年度上榜企业数量的增长率为近十年来最低（3.01%）。与此同时，我国上榜企业数量连续两年超过美国，成为进入世界 500 强榜单企业最多的国家，中国企业在国际市场竞争中如何保持良好发展势头，巩固规模优势，在做大基础上持续做强做优是时代赋予中国上榜企业的新命题。

从排名变化幅度看，中国上榜企业排名较上年有升有降，升多于降。133 家上榜企业中，有 78 家名次提升，55 家名次下降。其中，排名上升幅度最大的 6 家企业（升幅超过 70 名）中，有 3 家属于保险行业，1 家属于工程建筑行业（上海建工集团），1 家属于纺织行业（恒力集团），上海建工集团为新上榜企业。排名下降幅度最大（降幅超过 30 名）的 5 家企业分别为山西阳泉煤业、国机集团、山东魏桥创业集团、冀中能源集团和兵器装备集团，除山东魏桥创业集团外均为国有企业，其中，国机集团和兵器装备集团分别下降 31 名和 67 名，兵器装备集团为本年我国上榜企业位次降幅最大的企业。2020 年度中国上榜企业排名增幅与降幅最大的企业见表 2-1、表 2-2。

表 2-1   2020 年度中国上榜企业排名增幅最大的企业

序号	排序	上年排名	排名变化	公司名称	行　业	企业性质
1	250	388	138	友邦保险	人寿与健康保险（股份）	中国香港企业
2	374	455	81	国泰金融控股	人寿与健康保险（股份）	中国台湾企业
3	423	—	77	上海建工集团	工程与建筑	地方国有企业
4	107	181	74	恒力集团	纺织	民营企业
5	367	441	74	安徽海螺集团	建材、玻璃	地方国有企业
6	424	498	74	泰康保险集团	人寿与健康保险（互助）	民营企业

资料来源：根据《财富》网站相关资料整理。

排名增幅最大的友邦保险 2015 年度首次登上榜时位居 467 名，目前位居 250 名，收入和利润复合增长率分别为 10.87％、11.55％。按寿险保费计算，友邦保险在亚太地区（不包括日本）是市场领袖，运营范围覆盖香港特别行政区、泰国、新加坡、马来西亚、中国内地、韩国、菲律宾、澳大利亚、印度尼西亚、中国台湾、越南、新西兰、澳门特别行政区、文莱、柬埔寨、缅甸、斯里兰卡、印度等亚太区 18 个市场，亚洲区内强劲的保险市场需求及人口结构变化趋势，为友邦保险业务的长远前景提供强大的结构性支持。2019 年底中国内地宣布进一步向外资开放寿险市场，友邦大力拓展中国内地新业务，在天津市和河北省石家庄市开设营销服务部。此外，友邦收购澳大利亚 CMLA（Colonial Mutual Life Assurance Society Limited）及其附属公司，截至 2019 年 12 月 31 日，该项并购贡献了 7600 万美元收入，也助力了其榜单排名的大幅提升。

表 2 - 2　　　　　　　**2020 年度中国上榜企业排名降幅最大的企业**

序号	排序	上年排名	排名变化	公司名称	行　业	企业性质
1	499	469	− 30	山西阳泉煤业	采矿、原油生产	地方国有企业
2	281	250	− 31	国机集团	工业机械	中央企业
3	308	273	− 35	山东魏桥创业集团	纺织	民营企业
4	406	347	− 59	冀中能源集团	采矿、原油生产	地方国有企业
5	434	367	− 67	兵器装备集团	航天与防务	中央企业

资料来源：根据《财富》网站相关资料整理。

排名降幅最大的兵器装备集团 2018 年度首次上榜时排名 242 名，2019 年度、2020 年度排名分别为 367 名和 434 名。兵装集团排名大幅下滑的主要原因是汽车、摩托车业务板块及产业链相关企业近年来发展不景气，销量下滑导致营业收入下降。具体而言，2020 年度，兵器装备集团下属 9 家上市公司中，有 4 家营业收入同比下降：旗下重庆建设汽车系统股份有限公司营业收入同比下降 18.55％、旗下长安民生物流因主要客户长安汽车销量下降导致营业收入同比下降 15.08％，旗下中光学集团股份有限公司与云南西仪工业股份有限公司营业收入也同比下降。

2.1.2　中国新增上榜企业数量持续增长

新增上榜企业代表了经济发展的潜力与动能。2011 年度以来，中国新增上榜企业数量贡献了榜单新增数量的 1/3 左右，反映中国经济的蓬勃发展与企业经营实力的大幅提升。2005 年度以来，全球新增上榜企业数量均在 20 家以上，2009 年度新增数量达到 53 家之多，最近两年有回落态势，总体变化趋势如图 2 - 2 所示。2012 年度以前，新增上榜企业中中国企业占比不断攀升，最多至 62％，此后占比呈波动状态，2020 年中国新增上榜企业 8 家，占全球新增 26 家上榜企业的 31％。

从新增上榜企业行业分布来看，一方面，资金资本密集型的传统能源及公用设施行业是新增上榜的重要力量，并且这些企业几乎清一色为国有企业；另

图 2-2　2001—2020 年度中国上榜企业数量变化情况

资料来源：根据《财富》网站相关资料整理。

一方面，在计算机技术、互联网、房地产等行业的民营企业也是近年来中国新上榜企业的重要组成部分，如小米、格力等。2007 年度以来，在中国新上榜企业中，能源企业新上榜数量合计 29 家，占全部新上榜中国企业数量（153家）的 19％，规模优势明显。中国华能在 2009 年度首度登榜，中国神华、中国大唐和国电集团则在 2010 年度登榜，此外，河南、山西、陕西和山东的煤矿企业占据新增榜单较大比重。2007—2020 年度世界 500 强中国新上榜能源企业名单见表 2-3。

表 2-3　　2007—2020 年度世界 500 强中国新上榜能源企业名单

年份	新上榜能源企业数量	公 司 名 称
2007	3	台湾中油、台塑石化、中国海油
2009	1	中国华能
2010	3	中国神华、中国大唐和国电集团
2011	2	河南煤业化工、冀中能源
2012	3	山西煤炭运销、山东能源、开滦集团
2013	8	开滦集团
2014	1	中国华信能源
2015	1	陕西煤业化工
2018	3	兖矿集团、台湾中油、河南能源化工

续表

年份	新上榜能源企业数量	公 司 名 称
2019	2	山西焦煤集团、台塑石化
2020	2	中核集团、中煤集团

资料来源：根据《财富》网站相关资料整理。

2020 年度，中国新上榜 8 家企业中，包括 2 家中央企业（中核集团、中煤集团）、1 家民营企业（盛虹控股集团）、5 家地方国有企业（广西投资集团、上海医药集团、山东钢铁集团、深圳市投资控股、上海建工集团）。2020 年度，中国退榜企业 3 家，包括中船重工、新兴际华、国家开发银行。2020 年度世界 500 强中国新上榜企业名单见表 2 - 4。

表 2 - 4　　　　　　　2020 年度世界 500 强中国新上榜企业名单

序号	排序	公司名称	总部所在地	企业性质
1	423	上海建工集团	上海	地方国有企业
2	442	深圳市投资控股	深圳	地方国有企业
3	455	盛虹控股集团	苏州	民营企业
4	459	山东钢铁集团	济南	地方国有企业
5	473	上海医药集团	上海	地方国有企业
6	490	广西投资集团	南宁	地方国有企业
7	493	中核集团	北京	国资委管理中央企业
8	496	中煤集团	北京	国资委管理中央企业

资料来源：根据《财富》网站相关资料整理。

2.1.3　中国上榜企业地域分布较为集中

从地域分布看， 2020 年台湾地区上榜企业 9 家，较上年减少 1 家（台塑石化）；香港地区 7 家，与上年持平。中国内地中北京上榜企业数量最多，广东和上海分别有 12 家和 9 家。相较于 2019 年，北京、台湾、浙江、吉林上榜企业各净减少 1 家，广东、福建、山东、江苏、辽宁、广西各净增加 1 家，上海净增加 2 家。总体而言，分布地域遍及我国 20 个省份，北京、上海分布最多，分别为 56 家、9 家，除此之外，福建、山西、山东、浙江和江苏上榜也较多。我国上榜企业主要分布于东部沿海地区，中西部省市上榜数量明显偏低，区域经济发展不均衡现象仍然明显。2020 年我国上榜企业总部地域分布情况如表 2 - 5 所示。

表 2 - 5　　　　　　　　2020 年我国上榜企业总部地域分布情况

地域分布	2020 年度上榜企业数量	2019 年度上榜企业数量	地域分布	2020 年度上榜企业数量	2019 年度上榜企业数量
北京	55	56	安徽	3	3
广东	12	11	新疆	2	2
台湾	9	10	陕西	2	2
上海	9	7	河北	2	2
福建	8	7	江西	1	1
香港	7	7	湖北	1	1
山西	5	5	河南	1	1
山东	5	4	广西	1	
浙江	4	5	甘肃	1	1
江苏	4	3	吉林	1	1

资料来源：根据《财富》网站相关资料整理。

值得注意的是，2019 年 GDP 总量位列内地省（区、市）第 21 位的山西省上榜企业数排到内地省（区、市）第 5 位，5 家上榜企业均为能源企业。能源（煤炭）产业是山西省的支柱产业，与我国上榜企业中能源企业占比较高的行业分布特征具有一致性。从排名上看，山西省上榜的 5 家企业除大同煤矿较上年提升 1 名外，其他四家企业均下滑明显，且如果明年以同样幅度下滑，4 家企业将全部退榜，上述结果表明山西省能源行业发展转型压力仍然较大，破解传统工矿区发展活力不足任务依然艰巨。

2010 年度以来，我国上榜企业地域分布范围不断扩大，从 9 个省市逐渐增加至 20 个省市，2010－2013 年间增长幅度最大，安徽、福建、吉林、江西、山东、浙江等地区企业纷纷上榜，但北京、上海等城市和广东、福建、江苏等省份，以及港台地区是上榜数量最密集的地区，我国上榜企业总部地域分布变化情况如表2-6所示。从区域协同发展角度看，上榜世界500强的龙头企业可以在业务布局与市场拓展方面，向中西部成长型市场拓展，持续做大规模，增强竞争力。

表 2 - 6　　　　　　　　　我国上榜企业总部地域分布变化情况

序号	地域分布	2010年上榜企业数量	地域分布	2013年上榜企业数量	地域分布	2015年上榜企业数量	地域分布	2017年上榜公司数量
1	北京	31	安徽	1	安徽	1	北京	56
2	广东	3	北京	48	北京	51	福建	6
3	河北	1	福建	1	福建	1	广东	9
4	湖北	2	广东	6	广东	6	海南	1
5	吉林	1	河北	2	海南	1	河北	2
6	江苏	1	河南	1	河北	3	湖北	1
7	上海	3	湖北	2	河南	1	吉林	1
8	台湾	8	吉林	1	湖北	2	江苏	4
9	香港	4	江苏	1	吉林	1	江西	1
10			江西	1	江苏	2	山东	2
11			山东	2	江西	1	山西	4
12			山西	6	山东	2	陕西	2
13			陕西	1	山西	6	上海	8
14			上海	9	陕西	2	台湾	7
15			台湾	7	上海	9	天津	1
16			天津	1	台湾	8	香港	6
17			香港	4	天津	2	新疆	1
18			浙江	2	香港	5	浙江	3
19					浙江	2		
合计		54		63		67		81

2.1.4 中国上榜企业盈利能力有所提升

2020 年度，中国 133 家上榜企业中有 124 家实现盈利，盈利数量和盈利占比均为近 5 年最高，其中 48 家国资委管理的上榜中央企业中 46 家实现盈利，盈利企业数量为历年之最。2020 年度中国上榜盈利企业情况如图 2-3 所示，表明中国企业盈利状况不断向好，向高质量发展转型态势逐渐明显。

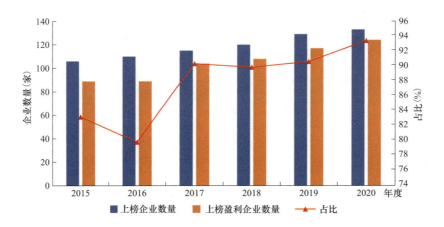

图 2-3　2020 年度中国上榜盈利企业情况

资料来源：根据《财富》网站相关资料整理。

金融行业是 500 强上榜企业中盈利能力最强的行业，互联网、计算机与电信行业的盈利性也较强。如表 2-7 所示，中国上榜企业利润位列前十的企业中，有 6 家金融企业，阿里、腾讯 2 家互联网服务和零售企业，中国移动 1 家电信企业和台积电 1 家半导体、电子元件企业。中国工商银行、中国建设银行、中国农业银行、中国银行四大银行与招商银行的利润合计占我国上榜企业利润总额的 33.46%；中国工商银行利润约为阿里、腾讯和台积电利润的总和。美国上榜企业利润位列前十的企业的行业结构与中国类似，金融行业占 5 家，计算机行业占 2 家，电信行业占 1 家，互联网服务和零售行业占 1 家，半导体与电子元件行业占 1 家，金融行业利润占美国全部上榜企业利润的 21.73％。

表 2-7　　　　　　　中国上榜盈利前十企业情况　　　　　　　　亿美元

序号	排序	公司名称	利润	营业收入	行业	企业性质
1	24	中国工商银行	452	1771	银行：商业储蓄	财政部管理中央企业
2	30	中国建设银行	386	1589	银行：商业储蓄	财政部管理中央企业
3	35	中国农业银行	307	1473	银行：商业储蓄	财政部管理中央企业
4	43	中国银行	271	1351	银行：商业储蓄	财政部管理中央企业
5	21	中国平安保险	216	1843	人寿与健康保险（股份）	民营企业
6	132	阿里巴巴	215	732	互联网服务和零售	民营企业
7	197	腾讯	135	546	互联网服务和零售	民营企业
8	189	招商银行	134	573	银行：商业储蓄	国资委管理中央企业
9	65	中国移动通信	121	1085	电信	国资委管理中央企业
10	362	台积电	115	346	半导体、电子元件	中国台湾企业

资料来源：根据《财富》网站相关资料整理。

中国上榜企业中，有 9 家出现亏损，均为中央企业或地方国有企业。亏损最多的企业为中国化工集团，其次是河南能源化工与鞍钢集团，亏损额均在 2 亿美元以上，亏损企业中有 3 家为国资委管理中央企业，6 家为地方国有企业，中国上榜亏损企业具体情况见表 2-8。

表 2-8　　　　　　　中国上榜亏损企业具体情况　　　　　　　　亿美元

序号	排序	公司名称	营业收入	利润	行业	企业性质
1	164	中国化工集团	658	−12.5	化学品	国资委管理中央企业
2	486	河南能源化工	262	−3.1	采矿、原油生产	地方国有企业
3	401	鞍钢集团	315	−2.1	金属产品	国资委管理中央企业
4	463	大同煤矿	276	−1.6	采矿、原油生产	地方国有企业
5	406	冀中能源	307	−1.1	采矿、原油生产	地方国有企业
6	187	中国建材	576	−1.0	建材、玻璃	国资委管理中央企业
7	218	河钢集团	513	−0.9	金属产品	地方国有企业
8	499	阳泉煤业	255	−0.8	采矿、原油生产	地方国有企业
9	456	铜陵有色	278	−0.6	金属产品	地方国有企业

资料来源：根据《财富》网站相关资料整理。

中国化工集团自 2011 年上榜以来，收入持续增长，但亏损情况严重，2019 年度亏损 22.1 亿美元，2020 年度亏损额虽有所下降，但仍亏损 12.5 亿美元。中国化工集团营业收入与利润变化情况见图 2-4。

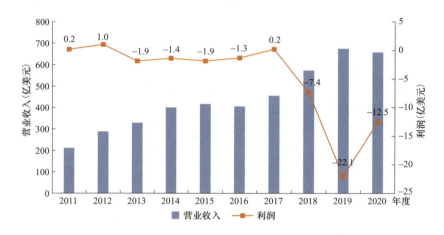

图 2-4　中国化工集团营业收入与利润变化情况

资料来源：根据《财富》网站相关资料整理。

2.2　500 强看中国行业转型发展

中国上榜企业主要集中在金融及基础设施行业，2020 年保险行业效益普遍较好。2001 年度，中国上榜企业共 12 家，为中国工商银行、中国建设银行、中国农业银行、中国银行四大银行，中国石化、中国石油两家石油化工企业，中国电信、中国移动两家电信企业，以及国家电网、怡和集团、中化集团和中粮集团。除香港怡和集团外均为中央企业，其中银行数量最多，其次是炼油、贸易、电信与公用设施等资源资金密集的基础设施行业。2010 年度，我国上榜企业主要分布在金属产品、工程建筑与银行业，港台地区广达电脑、仁宝电脑、华硕电脑、宏碁 4 家计算机、办公设备行业企业上榜，东风、上汽和一汽上榜，行业多元化程度增强。2020 年度，我国上榜企业主要分布在金融行业，合计 16 家，其次是采矿、原油生产行业与金属产品行业，房地产行业也跻身前十行业，分别是碧桂园、恒大、绿地、保利集团和万科，同时也是世界500强榜单仅有的5家房地产企业。2001、2010、2020年度中国上榜企业行业分布见表2-9。

表2-9　　　2001、2010、2020年度中国上榜企业行业分布

2001 年度		2010 年度		2020 年度	
行业	上榜数量	行业	上榜数量	行业	上榜数量
银行：商业储蓄	4	金属产品	7	采矿、原油生产	14
炼油	2	工程与建筑	5	金属产品	13
贸易	2	银行：商业储蓄	5	贸易	10
电信	2	计算机、办公设备	4	银行：商业储蓄	10
公用设施	1	炼油	4	工程与建筑	9
专业零售	1	车辆与零部件	3	车辆与零部件	7
		电信	3	电子、电气设备	6
		航天与防务	3	航天与防务	6
		贸易	3	人寿与健康保险（股份）	6
		能源	3	房地产	5

资料来源：根据《财富》网站相关资料整理。

　　总体上看，中国上榜企业行业结构分布呈现如下特征：一是我国上榜企业行业分布以劳动密集型与资本密集型行业为主，知识密集型企业不及西方发达国家，但互联网行业企业数量逐步增长且形成总数占比上的优势，展现了我国产业结构升级的良好势头；二是占比靠前的行业以垄断性行业为主，部分并购活动受政策影响较大，企业市场化改革仍在推进。

2.2.1　房地产行业收入大幅提升

　　中国房地产行业自2015年度上榜以来，数量不断增多，从1家上升至5家；营业收入不断增长，复合增长率为51.25%；平均排名不断上升，从457名连续上升至175名，2020年度碧桂园排名提升30名，位列147位。世界500强上榜房地产企业均在中国。2015—2020年度中国上榜房地产企业平均排名变化见图2-5。

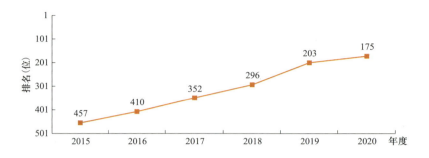

图 2-5　2015—2020 年度中国上榜房地产企业平均排名变化

资料来源：根据《财富》网站相关资料整理。

2.2.2　金融行业利润增势放缓

横向对比看，中国上榜金融企业利润占比远高于美国上榜金融企业利润占比，并高于世界 500 强榜单金融企业利润占比平均水平，以 2020 年度为例，分别高出 20.5 个、19.1 个百分点。但美国与 500 强的金融利润占比自 2018 年以来呈上升趋势，中国则呈下降趋势。2010—2020 年度中、美两国上榜金融行业企业利润占比情况如图 2-6 所示。

图 2-6　2010—2020 年度中、美两国上榜金融行业企业利润占比情况

资料来源：根据《财富》网站相关资料整理。

2001 年度中国工商银行、中国银行、中国建建设银行、中国农业银行四大银行上榜世界 500 强，此后除 2004 年因中国建设银行利润出现低谷（4970 万美元）导致金融行业利润占比降低外，至 2015 年金融行业利润率均呈现上升趋势。伴随国家倡导金融服务实体企业发展，积极引导资金"脱虚向实"，金融行业利润占比也随之逐年下降，2020年占比54%，较2014年占比降低10%，治理"脱实向虚"问题、提振实体经济发展的决策部署取得明显成效。2010－2020年度中国金融行业上榜企业利润占比情况如图2-7所示。

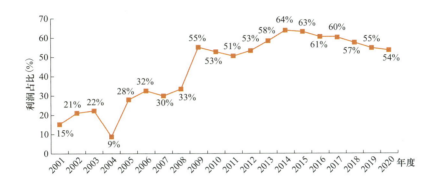

图2-7　2010－2020年度中国金融行业上榜企业利润占比情况

资料来源：根据《财富》网站相关资料整理。

2.2.3　能源行业利润占比下降

从历史趋势看，中国上榜能源企业利润下降趋势较为明显，从2001年度的48.1%降至2020年度的5.8%（但较2019年的5.2%占比有所提升）。美国上榜能源企业利润呈波动下降趋势，2009年度占比最高，为33.8%，2020年度仅为2.7%（较2019年的7.4%下降了4.7个百分点）。欧洲能源企业利润占比波动幅度较大，2003年度顶峰时期曾达到88.3%，2016年度能源企业利润则为负值，最近几年利润占比逐渐上升，2020年度占比12.4%。2001－2020年中国、美国、欧洲上榜能源行业利润占比情况如图2-8所示。总体而言，一方面中国上榜能源企业的效益水平较低，发展新动力尚未充分显现；另一方面国有能源企业始终积极贯彻落实国家降低社会用能成本的政策，受逐步趋严的能源价格管制影响，能源企业盈利空间逐渐收窄。

2020年度，中国上榜的24家能源企业中，包括7家电力企业，17家炼油、

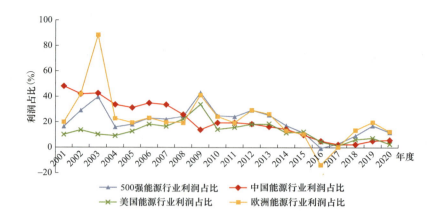

图 2 - 8　2001—2020 年度中国、美国、欧洲上榜能源行业利润占比情况

资料来源：根据《财富》网站相关资料整理。

采矿与原油生产行业企业。整体而言，中国上榜能源行业（含炼油、采矿与原油生产等）企业收入利润率普遍低于世界 500 强平均水平，但利润增长和收入增长存在一定优势。表 2 - 10 列示了 2020 年度中国上榜能源企业与世界 500 强平均收益水平的比较结果。

表 2 - 10　　2020 年度中国上榜能源企业与世界 500 强平均效益水平的比较

年度	收入利润率		利润增长率		收入增长率	
	中国	世界 500 强平均	中国	世界 500 强平均	中国	世界 500 强平均
2018	0.7％	3.7％	14.2％	283.5％	17.8％	23.1％
2019	1.5％	6.3％	160.4％	114.2％	20.7％	26.3％
2020	1.7％	4.4％	16.6％	− 33.9％	0.5％	− 5.2％

资料来源：根据《财富》网站相关资料整理。

2.2.4　互联网和医疗保健行业势头良好

2020 年度，我国有 4 家互联网企业（按照榜单披露的互联网服务和零售行业）上榜，分别为阿里、京东、腾讯和小米，占总上榜互联网企业数量的半数以上。自 2016 年度以来，我国互联网企业在 500 强榜单中发展态势强劲，排名分别上升 50、46、40、37 位。互联网企业中，收入增长率、利润增长率和收入利润率最高的均为阿里，分别为 30.3％、63.8％ 和 29.3％，净资产收益率最高的

Facebook公司，为13.9%。中国上榜互联网企业效益指标情况见表2-11。

表 2 - 11　　　　　　中国上榜互联网行业效益指标情况

年份	净资产收益率	收入利润率	资产负债率	收入增长率
2016	35.9%	−5.2%	64.1%	—
2017	3.3%	14.1%	96.7%	196.5%
2018	46.4%	15.9%	53.6%	48.4%
2019	46.4%	13.4%	53.6%	57.4%
2020	49.8%	15.8%	50.2%	20.7%

资料来源：根据《财富》网站相关资料整理。

2013年度，中国医药集团首次上榜，2020年度，上海医药集团上榜，两家医疗保健企业收入增长率和净利润率也处于较高水平。2013—2020年度中国上榜医疗保健行业企业营业收入与收入利润率变化情况如图2-9所示。

图 2 - 9　2013—2020年度中国上榜医疗保健行业企业营业收入与收入利润率变化情况
资料来源：根据《财富》网站相关资料整理。

2.2.5　汽车与零部件行业效益下滑

2020年度，我国有6家汽车与零部件行业企业上榜❶，分别为上汽、一汽、

---

❶　世界500强榜单中将香港怡和集团归为"汽车与零部件"行业，经分析其业务结构，本文将怡和集团为综合性多元化的商业集团，此处分析不将其作为汽车行业。

东风、北汽、广汽、吉利控股，数量与上一年度持平。排名分别为 52、89、100、134、206、243 位，较上一年度分别下降 13、2、18、5、17、23 位，排名均有所下降，营业收入合计同比下降 4.9%，利润合计同比下降 13.81%，反映汽车行业效益整体下滑。其中，一汽集团净资产收益率最高，为 4%，一汽集团资产负债率水平最低，为 60.5%，2004－2020 年中国上榜汽车与零部件行业利润变化情况如图 2-10 所示。

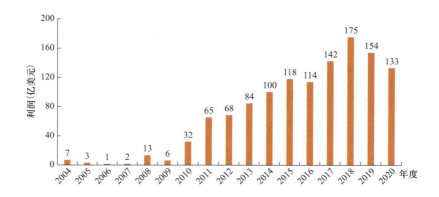

图 2-10　2004－2020 年度中国上榜汽车与零部件行业利润变化情况

资料来源：根据《财富》网站相关资料整理。

2.3　500 强看国有与民营企业发展

2008 年度联想集团作为中国第一家民营企业首次上榜，2009 年度江苏沙钢上榜，此后民营企业上榜数量连年增加，2010 年度超过 10 家，2017 年度超过 20 家，本年度增至 28 家。上榜的 92 家国有企业中，中央企业 59 家，较上年净减少 1 家（中核集团、中煤集团新上榜，中船重工、新兴际华、国家开发银行退榜），地方国有企业 33 家，增加 5 家（广西投资集团、上海医药集团、山东钢铁集团、深圳市投资控股、上海建工集团新上榜），总体上表现出国民共进的良好发展趋势。2001－2020 年度中国上榜国有企业、民营企业数量变化趋势如图 2-11 所示。

图 2 - 11   2001—2020 年度中国上榜国有企业、民营企业数量变化趋势

资料来源：根据《财富》网站相关资料整理。

2.3.1   中央企业做强做优仍面临挑战

2020 年度中央企业上榜 59 家（含华润集团、招商局集团、太平保险），占我国上榜企业近半数，排名相对靠前，领跑态势明显。上榜中央企业中，由国务院国资委管理的占 48 家，财政部管理的占 11 家，上榜中央企业总数量减少 1 家（中核集团、中煤集团新上榜，中船重工、新兴际华集团、国家开发银行退榜）。我国进入 500 强排名前 10 与盈利前 10 的均为中央企业❶；排名前 100 的 23 家内地企业中，19 家为中央企业。

从收入看，59 家中央企业收入合计 5.2 万亿美元，相当于 2019 年中国 GDP 的 36%，中国石化（4070 亿美元）、国家电网（3839 亿美元）、中国石油（3791 亿美元）分列前三。从盈利看，59 家中央企业利润合计 2741 亿美元，其中工商银行、建设银行、农业银行、中国银行利润合计 1416 亿美元，占 51.7%；石油行业利润 228 亿美元，占 8.3%；电力行业利润 152 亿美元，占 5.5%。从排名看，上升最快的五家企业是太平保险、保利集团、国家电投、中国宝武、中国光大，分别上升 59、51、46、38、36 位；排名降幅最大的五家企业是兵器装备集团、国机集团、航天科技、中国联通、中国大唐，分别下降

---

❶   排名前 10：中国石化、国家电网、中国石油；利润前 10：工商银行、建设银行、农业银行。

67、31、29、28、27 位。

中央企业在做强做优方面所面临的具体挑战包括如下方面：

（一）中央企业经营指标有待优化

中央企业收入利润率与中国上榜企业平均水平持平，与 500 强平均水平差距缩小，与美国上榜企业平均水平差距扩大。 上榜中央企业平均收入利润率为 5.31%，比上一年度提高 0.02 个百分点，与中国上榜企业平均水平持平；与 500 强平均水平差距由 1.31 个百分点缩小到 0.89 个百分点；与美国上榜企业平均水平差距由 2.48 个百分点扩大到 3.34 个百分点。工商银行、建设银行、农业银行、中国银行收入利润率超过 20%。非金融中央企业中，中国移动收入利润率达到 11.2%。3 家中央企业收入利润率为负，其中中国化工为-1.9%，鞍钢集团为-0.7%，中国建材为-0.2%。

资产负债率略高于中国上榜企业、500 强和美国上榜企业平均水平。 上榜中央企业平均资产负债率为 78.56%，比中国上榜企业、500 强、美国上榜企业平均水平分别高 1.47、6.03、1.67 个百分点。25 家企业（含 10 家金融类企业）资产负债率在 90% 以上。中国石油、国家电网、中国电信、中国海油、航天科技、中国移动 6 家企业低于 60%，中央企业"去杠杆"工作仍需进一步推进。

收入增长率低于中国上榜企业、500 强和美国上榜企业平均水平。 上榜中央企业平均收入增长率为 3.93%，比中国上榜企业平均水平低 2.84 个百分点，比美国上榜企业平均水平低 1.48 个百分点，比 500 强平均水平低 2.69 个百分点。保利集团（23.7%）、中国宝武（20.5%）收入增长率超过 20%；14 家中央企业收入增长率超过 10%；但有 21 家中央企业收入增长率为负，兵器装备集团、中化集团最低，分别为-14.3%、-10.1%。

（二）与世界一流示范企业差距仍在

国资委选取主营业务突出、竞争优势明显的中央企业作为世界一流建设示范企业（中国三峡集团、中广核集团、中国航空集团未上榜 500 强），从综合规模实力、业务范围、行业影响力等维度选取世界 500 强排名靠前的同行业国际知名企业进行对标，得出如下结论：在炼油、采矿与原油生产、能源、工程与建筑等重资产行业，我国示范企业在经营实力上具有一定优势，但在工业机械、电力等领域，仍与美国、欧洲上榜企业存在一定差距，部分国资委示范企业与 500 强行业最优水平比较情况见表 2-12。

表 2-12　　部分国资委示范企业与 500 强行业最优水平比较情况　　　亿美元

十家示范企业	行业	2020 年度排名	营业收入	行业最优	2020 年度排名	营业收入
航天科技	航天与防务	332	376	空中客车	116	789
中国石油	炼油	4	3791	中国石化	2	4070
国家能源集团	采矿、原油生产	108	805	沙特阿美	6	3298
国家电网	公用设施	3	3839	意大利国家电力	87	899
中国三峡	能源	—	—	—	—	—
中广核	能源	—	—	—	—	—
中国移动	电信	65	1085	美国电话电报	22	1812
中航集团	航天与防务	—	—	—	—	—
中国建筑	工程与建筑	18	2058	万喜集团	195	548
中国中车	工业机械	361	347	西门子	74	979

资料来源：根据《财富》网站相关资料整理。

2.3.2　地方国有企业上榜数量增多

2020 年度，我国有 35 家地方国有企业上榜，主要分布在采矿与原油生产、金属产品、金融、工程与建筑行业等 9 大行业，排名前三的是上汽集团（第 52 名）、北汽集团（第 129 名）、绿地控股（第 176 名）。5 家企业首次上榜，分别是上海建工集团、深圳市投资控股、山东钢铁集团、上海医药集团、广西投资集团，分列 423、442、459、473、490 位。自 2008 年度以来中国地方国有企业上榜数量变化情况见图 2-12。

（一）地方国有企业整体业绩下滑

从排名看，2020 年度，中国上榜地方国有企业排名最高为上汽集团，位列

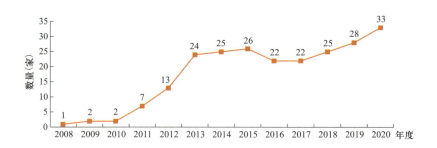

图 2-12　中国地方国有企业上榜数量变化情况

资料来源：根据《财富》网站相关资料整理。

52 位；最低为山西晋城无烟煤矿业集团，位列 500 位。上榜地方国有企业平均排名 335 位，较上年度略有下降。排名提升幅度最大的前五家企业为上海建工集团、安徽海螺集团、深圳市投资控股、厦门建发集团及山东钢铁集团，分别较上一年提升 77、74、58、43、41 位。降幅最大的五家地方国有企业为山西焦煤集团、首钢集团、潞安集团、山西阳泉煤业和冀中能源集团，降幅均超过 20 位，分别下降 20、27、27、30、59 位。其中，降幅最大的五家地方国家企业均属能源或金属行业，且有 3 家位于山西省，表明中国地方能源产业转型压力相对较大。

从收入看，2020 年度，中国上榜地方国有企业收入同比增长 13.3%，整体收入利润率为 2.66%，较上年同比下降 0.06 个百分点。平均资产负债率为 88.1%，较上年下降 0.8 个百分点，但仍处于较高水平。33 家上榜企业中，有 27 家企业盈利，6 家企业亏损，亏损程度由大到小分别为铜陵有色、山西阳泉煤业、河钢集团、冀中能源、大同煤矿和河南能源化工，亏损程度较高的企业同样集中于能源与金属行业。相较于 2019 年，山东兖矿集团实现扭亏，净利润从 -2.6 亿美元上升至 2.7 亿美元。

从盈利看，2020 年度，33 家地方国有企业利润合计 365 亿美元，同比增长 10.7%，增幅低于收入增幅。净利润率超过 5% 的五家地方国有企业为兴业银行、浦发银行、中国太平洋保险、深圳市投资控股、安徽海螺集团，分别为 18.7%、16.6%、7.2%、5.5% 和 5.2%。根据榜单披露的归母所有者权益计算国有资本保值增值率发现，2020 年度地方国有企业国有资本保值增值率为 124.5％，较上年提升 14.6 个百分点，高出中央企业 21.7 个百分点。2009—2020 年度中央企业与地方国有企业国有资本保值增值率变动情况见图 2-13。

图 2-13　2009—2020 年度中央企业与地方国有企业国有资本保值增值率变动情况

资料来源：根据《财富》网站相关资料整理。

从人均营业收入看，排名最高的 8 家地方国有企业为象屿集团、厦门国贸控股、物产中大集团、厦门建发集团、江西铜业集团、铜陵有色金属集团、绿地控股集团和金川集团，人均营业收入均超过 100 万美元，象屿集团人均营业收入为 353.5 万美元，在中国上榜企业中仅次于广东民营企业正威国际集团（490.9 万美元）。山西晋城无烟煤矿业、大同煤矿集团、河南能源化工集团、山西焦煤集团人均营业收入低于 20 万美元，在上榜地方企业中排名最后。总体而言，消费、金融行业企业的人均营业收入高于工业、能源行业企业，与其非生产性行业特征有关。

（二）地方国有企业结构不断优化

从地域分布看，33 家上榜地方国有企业中，上海 6 家，分别是上汽集团、绿地控股、太平洋保险、浦发银行、上海建工、上海医药，总数位居各省市首位。山西 5 家，福建 4 家，其中有 3 家在厦门，分别是厦门建发、厦门国贸、象屿集团，且排名均在 300 名以内；山东 3 家，分别是山东能源、兖矿集团、山东钢铁。北京、河北、安徽、陕西、广东各 2 家，江西、浙江、甘肃、广西、河南各 1 家。从东部与中西部地区对比来看，尽管东部地区国有企业上榜仍然较多，但中西部也有延长石油、陕西煤化、安徽海螺、铜陵有色、甘肃金川、河南能化、江西铜业、广西投资等 13 家企业上榜，较上年明显增加。表明随着一系列国家区域战略发展政策的落地，中西部地区国有企业的发展潜力正在被挖掘。

从行业看，2020 年度上榜企业的产业结构更加合理。相较于以前上榜地方国有企业以煤炭、钢铁等重资产企业为主，2020 年度则涌现出了投资、医药和施工企业等类型企业，说明随着国有企业改革的推进，地方国有资本布局在不断优化。通过比较 2015 年度和 2020 年度地方国有企业各行业营业收入占比可发现，采矿、原油生产行业、工程与建筑行业、能源行业收入占比下降，金融（多元化金融、人寿与健康保险等）、批发与保健、房地产、贸易则成为地方国有企业新的收入增长点，比较结果如表 2-13 所示。

表 2-13　　　　　　地方国有企业行业分布及收入占比情况

行　业　分　布	2015 年收入占比	2020 年收入占比
采矿、原油生产	42%	27%
车辆与零部件	18%	18%
金属产品	11%	15%
贸易	10%	13%
银行：商业储蓄	8%	7%
房地产		5%
人寿与健康保险（股份）	3%	4%
多元化金融		4%
建材、玻璃		2%
工程与建筑	4%	2%
批发：保健		2%
其他	4%	

资料来源：根据《财富》网站相关资料整理。

2.3.3　民营企业发展活力不断增强

2020 年度，我国有 28 家内地民营企业上榜。其中位居榜单前 100 名的有 3

家，101～200 名的有 6 家，201～300 名的 7 家，301～400 名的 4 家，401～500 名的 8 家。中国平安（位列第 21 位，上升 8 位）排名最高，华为（第 49 位，上升 12 位）、太平洋建设（第 75 位，上升 22 位）紧随其后。盛虹集团新上榜（第 455 位），无民营企业退榜。

2018 年度，安邦保险集团、海航集团、中国华信能源、大连万达集团和新华人寿保险 5 家公司退榜，是民营企业退榜最多的年份，雪松控股集团、泰康保险集团和青岛海尔新上榜。2019 年度，青山控股集团、珠海格力电器、华夏保险公司、小米集团和海亮集团新上榜。2020 年度，化学品行业的苏州盛虹集团新上榜。

（一）民营企业效益同比增长

2009 年度以来，大陆上榜民营企业数量从 1 家增加至 28 家，平均收入利润率从 2.3% 上涨到 7.4%，并逐渐超过世界 500 强平均水平，2020 年度高出 1.2 个百分点，但与美国上榜企业平均收入利润率仍存在较大差距，2018 年度以来差距有进一步拉大的迹象，2020 年度低出 1.2 个百分点。中国上榜民营企业与世界 500 强平均水平、美国上榜企业收入利润率对比情况见图 2-14。

图 2-14　中国上榜民营企业与世界 500 强平均水平、美国上榜企业收入利润率对比情况

资料来源：根据《财富》网站相关资料整理。

（二）民营企业行业分布多元

2010 年度，中国有 3 家民营企业上榜，分别是中国平安保险、华为和江苏

沙钢集团，行业分别为人寿与健康保险、网络通信设备和金属产品，行业分布
情况如图 2-15 所示。2015 年度，中国民营企业分布在 10 个行业，2020 年度
则分布在 15 个行业，其中互联网服务和零售、房地产以及金融行业收入占比最
大，分别为 21%、15%、12%〔金融行业包括人寿与健康保险（股份）、人寿
与健康保险（互助）、银行：商业储蓄、多元化金融〕。2015 年度和 2020 年度
中国上榜民营企业行业分布分别如图 2-16 和图 2-17 所示。

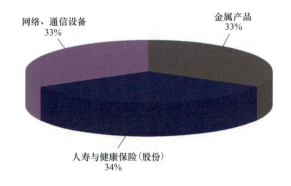

图 2-15   2010 年度中国上榜民营企业行业分布

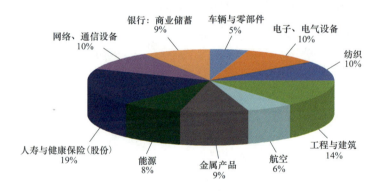

图 2-16   2015 年度中国上榜民营企业行业分布

值得一提的是，500 强榜单 7 家互联网企业中，中国占据 4 家，均为民营
企业，分别是阿里巴巴、小米、腾讯、京东，2020 年度这四家企业收入均有大
幅提升，名次分别提升 50、46、40、37 位。其中，阿里巴巴的营业收入增长
率、利润增长率、净利率在互联网企业中位居榜首。2020 年度上榜互联网企业
效益对比见表 2-14。

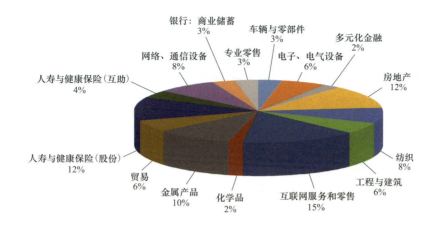

图 2-17 2020 年度中国上榜民营企业行业分布

资料来源：根据《财富》网站相关资料整理。

表 2-14

2020 年度上榜互联网企业效益对比

%

公司名称	排名	营业收入增长率	利润增长率	净利率	净资产收益率	资产负债率
亚马逊	9	20.5	15	4.1	5.1	72.4
Alphabet 公司	29	18.3	11.7	21.2	12.4	27.0
京东	102	19.6	0	2.1	4.7	68.5
阿里巴巴	132	30.3	63.8	29.3	11.6	42.5
Facebook 公司	144	26.6	−16.4	26.1	13.9	24.2
腾讯	197	15.5	13.5	24.7	9.9	54.6
小米	422	12.7	−29	4.9	5.5	55.7

资料来源：根据《财富》网站相关资料整理。

（三）民营企业东部沿海集聚

2020 年度，中国大陆上榜民营企业主要分布在 7 个省份 14 个城市（按照总部所在地统计），与上一年度一致。其中，广东最多，为 8 家；北京其次，有 5 家；江苏、浙江各有 4 家，福建 3 家，山东和新疆各 2 家，一定程度表明中国民营经济空间发展分布布局的问题较为严重。

（四）民营企业人均效能较高

中国民营企业人均营业收入总体上呈逐年上涨态势，自 2012 年起超过国

55

有企业，但较之世界 500 强企业的总体水平尚有差距，表明中国企业总体劳动生产率仍有较大提升空间。2020 年度，中国上榜民营企业人均营业收入约为 44.8 万美元，较美国上榜企业平均水平低 11.8 万美元，较世界 500 强企业平均水平低 2.9 万美元，但高出国有企业 7.2 万美元。2010－2020 年度中国上榜民营企业、国有企业与美国企业、世界 500 强企业人均营业收入水平比较见图 2 - 18。从 2010－2020 年度趋势看，中国民营企业的人均营业收入增长速度最快，年复合增长率约为 12.46％，表明民营经济发展的活力强劲，后发优势明显。

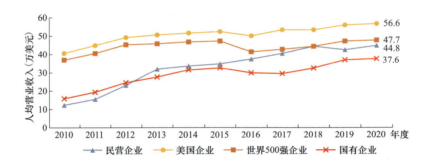

图 2 - 18　2010－2020 年度中国上榜民营企业、国有企业与美国企业、

世界 500 强企业人均营业收入水平比较

资料来源：根据《财富》网站相关资料整理。

2.4　500 强看中国企业转型挑战

中国上榜企业集中分布在基础设施建设类、能源资源类、航天军事类国有企业，承担大量社会责任，虽然资产、收入体量大，但盈利与发展指标较弱。2020 年度，中国上榜企业的收入利润率、收入增长率、利润增长率和净资产收益率指标中位数均大幅低于美国排名靠前的 20 家企业，尤其在利润增长率上，美国是我国的 10 倍。美国和中国头部企业（前 20 名）情况对比见表 2 - 15。

　　当前，数字革命全方位冲击各行各业产业环节，传统企业尤其是制造业面临较大发展模式转型危机，市场竞争已演变为产业链各环节的竞争与生态圈的竞争。相较于通用电气、西门子等企业通过在全球范围内强强联合，构筑数字化转型的竞争优势，中国上榜中央企业在做强做优国有企业的目标下，如何更有效盘活存量资产，建立市场化资源配置机制，提升发展潜力与效益效能，是关乎中国企业做强做优的重要问题。

表 2 - 15　　　　美国和中国头部企业（前 20 名）企业情况对比　　　　%

中国头部企业（前20）						
排序	公司名称	行业	营业收入增长率	利润增长率	净利率	资产收益率
2	中国石化	炼油	-1.8	16.2	1.7	2.1
3	国家电网	公用设施	-0.8	-2.5	2.1	1.3
4	中国石油	炼油	-3.5	95.7	1.2	0.7
18	中国建筑	工程与建筑	13.4	5.5	1.6	1.1
21	中国平安	人寿与健康保险（股份）	12.6	33.2	11.7	1.8
24	中国工商银行	银行：商业储蓄	4.8	0.4	25.5	1
26	鸿海精密	电子、电气设备	-1.6	-12.9	2.2	3.4
30	中国建设银行	银行：商业储蓄	5.1	0.3	24.3	1.1
35	中国农业银行	银行：商业储蓄	5.6	0.1	20.8	0.9
43	中国银行	银行：商业储蓄	5.8	-0.4	20.1	0.8
45	中国人保	人寿与健康保险（股份）	13	—	3.6	0.7
49	华为	网络、通信设备	14	1.2	7.3	7.4
50	中国铁路工程	工程与建筑	10	23.7	1.2	1
52	上海汽车	车辆与零部件	-10.5	-31.9	3	3
54	中国铁道建筑	工程与建筑	8.9	14.5	1.1	0.9
64	中国海油	采矿、原油生产	0.5	-5.1	6.4	3.8
65	中国移动	电信	-3.2	3.4	11.2	4.6
75	太平洋建设	工程与建筑	12.6	1.9	3.5	5.4

续表

中国头部企业（前 **20**）						
排序	公司名称	行业	营业收入增长率	利润增长率	净利率	资产收益率
78	中国交通建设	工程与建筑	7.9	− 15.9	1.4	0.6
79	中国华润	制药	3	2.8	3.8	1.5
	中位数		5.35	1.2	3.55	1.2

美国头部企业（前 **20**）						
排序	公司名称	行业（自动）	营业收入增长率	利润增长率	净利率	资产收益率
1	沃尔玛	综合商业	1.9	123.1	2.8	6.3
9	亚马逊	互联网服务和零售	20.5	15	4.1	5.1
11	埃克森美孚	炼油	− 8.7	− 31.2	5.4	4
12	苹果公司	计算机、办公设备	− 2	− 7.2	21.2	16.3
13	CVS Health 公司	保健：药品和其他服务	32	—	2.6	3
14	伯克希尔 - 哈撒韦公司	财产与意外保险（股份）	2.7	1924.8	32	10
15	联合健康集团	保健：保险和管理医保	7	15.5	5.7	8
16	麦克森公司	批发：保健	7.8	2547.1	0.4	1.5
22	美国电话电报公司	电信	6.1	− 28.2	7.7	2.5
23	美源伯根公司	批发：保健	6.9	− 48.4	0.5	2.2
29	Alphabet 公司	互联网服务和零售	18.3	11.7	21.2	12.4
31	福特汽车公司	车辆与零部件	− 2.8	− 98.7	0	0
32	信诺	保健：药品和其他服务	215.7	93.6	3.3	3.3
33	开市客	综合商业	7.9	16.8	2.4	8.1
36	雪佛龙	炼油	− 11.9	− 80.3	2	1.2
37	嘉德诺	批发：保健	6.4	432.4	0.9	3.3
38	摩根大通	银行：商业储蓄	8.4	12.2	25.6	1.4
40	通用汽车	车辆与零部件	− 6.7	− 16	4.9	3
41	沃博联	食品店和杂货店	4.1	− 20.7	2.9	5.9
44	威瑞森电信	电信	0.8	24.1	14.6	6.6
	中位数		6.25	12.2	3.7	3.65

资料来源：根据《财富》网站相关资料整理。

　　分析世界 500 强上榜企业特点可以发现，科技创新是增强企业综合实力的重要保障，依托科技创新提升企业竞争力是 500 强企业可持续发展的关键。互联网行业、医疗保健行业、线上零售行业、高端设备制造行业等数字化时代的龙头企业仍然在欧美，提升上榜企业综合实力离不开互联网技术、信息技术的突破与创新，要狠狠抓住技术创新与模式创新的牛鼻子，掌握关键核心技术。国际领先企业如 GE（通用电气公司）、西门子等传统制造业巨头均纷纷与微软、华为等科技巨头开展强强联合，合作共享资源与创意，意昂集团、伊莎贝拉等能源巨头也纷纷基于数字技术实现综合能源服务供应商转型，中国企业也应通过多元方式，以开放的姿态引进战略投资者，在更广范围配置资源、利用资源，提升资源利用效率和科技创新水平，提升国际竞争优势。

3

500 强看电力企业

3.1   2020 年度上榜电力企业基本情况

2020 年度上榜电力企业数量减少，效益整体有所下滑。自 2015 年度全球上榜电力企业数量达到峰值之后，伴随能源电力清洁绿色转型发展，全球电力企业并购重组行动频繁，上榜电力企业数量呈逐渐缩减趋势。2001—2020 年度上榜电力企业数量变动情况见图 3‑1。

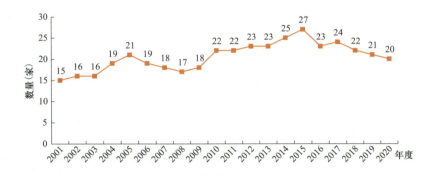

图 3‑1   2001—2020 年度上榜电力企业数量变动情况

资料来源：根据《财富》网站数据资料整理。

2020 年度全球共有 20 家电力企业上榜，其中，中国上榜电力企业数量与 2019 年度持平。20 家上榜电力企业整体收入增长率降低 5.7 个百分点，利润增长率降低 4.0 个百分点。其中，8 家企业利润同比下滑，10 家企业收入同比下降，韩国电力和英国森特理克出现亏损，Uniper 公司扭亏。2001—2020 年度上榜电力企业营业收入及收入利润率变动情况见图 3‑2。

2020 年，在全球 20 家上榜电力企业中，排名最高为中国的国家电网，其营业收入、利润、资产和股东权益规模均位列首位，在整体榜单排名上较上年提升两名至第三位；上榜电力企业数量最多为中国，有 7 家；上榜电力企业中收入利润率和净资产收益率最高的为西班牙 Iberdrola 公司，分别为 9.3％和 2.8％。2020 年度，进入榜单前 100 名的电力企业有国家电网和意大利国家电

图 3-2　2001—2020 年度上榜电力企业营业收入及收入利润率变动情况

资料来源：根据《财富》网站数据资料整理。

力，相较于 2019 年度减少 1 家 Uniper 公司，南方电网排位超过国家能源集团和法国电力，进入上榜电力企业前五。莱茵集团退出上榜电力前 10，意昂集团则进入榜单前 10。意昂集团自 2016 年度启动转型，五年来的排位分别为 32、231、254、348、255 位，由于剥离发电业务资产成立 Uniper 公司，2020 年度转型成效初显。2020 年度上榜电力企业基本情况见表 3-1。

表 3-1　　　　　　　2020 年度上榜电力企业基本情况

2020 年排名	2019 年排名	排名变化	公司名称	国别	营业收入（亿美元）	利润（亿美元）	资产（亿美元）	员工数（万人）	股东权益（亿美元）
3	5	2	国家电网	中国	3839.1	79.7	5966.2	90.8	2514.8
87	89	2	意大利国家电力	意大利	899.1	24.3	1924.1	6.8	341.0
105	111	6	南方电网	中国	819.8	18.3	1340.4	28.4	529.5
108	107	−1	国家能源集团	中国	805.0	42.6	2512.7	33.1	599.6
110	110	0	法国电力	法国	802.8	57.7	3404.1	16.2	521.5
131	78	−53	Uniper 公司	德国	736.5	6.8	491.1	1.2	127.8
159	126	−33	Engie 集团	法国	672.2	11.0	1793.5	17.1	371.4
188	178	−10	东京电力	日本	574.1	4.7	1106.5	3.8	272.1
227	193	−34	韩国电力	韩国	502.6	−20.1	1708.9	4.7	583.7
255	348	93	意昂集团	德国	468.6	17.5	1106.3	7.9	101.9

2020年排名	2019年排名	排名变化	公司名称	国别	营业收入（亿美元）	利润（亿美元）	资产（亿美元）	员工数（万人）	股东权益（亿美元）
266	286	20	中国华能	中国	445.0	1.9	1616.6	13.1	143.4
303	292	－11	Iberdrola公司	西班牙	407.8	38.1	1373.5	3.4	422.9
316	362	46	国家电投	中国	394.1	1.8	1714.6	12.3	155.8
364	344	－20	Exelon公司	美国	344.4	29.4	1249.8	3.3	322.2
370	386	16	中国华电	中国	338.1	3.1	1180.4	9.5	115.1
420	443	23	CFE公司	墨西哥	298.7	22.6	1157.5	9.1	329.7
428	420	－8	关西电力	日本	292.9	12.0	704.4	3.2	140.9
440	311	－129	森特理克	英国	289.3	－13.1	240.5	2.9	16.1
454	453	－1	中部电力	日本	282.0	15.0	509.0	2.8	172.3
465	438	－27	中国大唐	中国	274.6	4.3	1089.0	9.6	158.5

资料来源：根据《财富》网站及世界银行数据资料整理。

从排名看，上榜电力企业排名有升有降，降多于升。上榜电力企业中，除法国电力（第110位）排名保持不变外，另有8家排名上升，意昂集团（第225位）排名跃升93位，国家电投排名跃升46位，CFE公司（第420位）、中国华能、中国华电排名分别上升23、20、16位，南方电网、国家电网、意大利国家电力（第87位）也分别上升6、2、2位；另有11家电力企业排名下降，Engie集团（第159位）、韩国电力（第227位）、Uniper公司（第131位）、森特理克集团（第440位）排名跌幅较大，分别下降33、34、53、129位。

从国别看，中国有7家电力企业上榜，数量仍居各国首位。2020年度上榜电力企业国别分布情况见图3-3。**其中，5家排名上升**，按排名高低分别为国家电网（第3位，上升2位）、南方电网（第105位，上升6位）、中国华能（第266位，上升20位）、国家电投（第316位，上升46位）、中国华电（第370位，上升16位）；2家排名下跌，国家能源集团（第108位，下降1位）、中国大唐（第465位，下降27位）。值得注意的是，日本的三家电力企业（东京电力、关西电力、中部电力）已稳居榜单二十多年，本年度营业收入增长率整体出现较大幅度下滑。2002—2020 年度日本电力上榜企业收入增长情况见图 3-4。

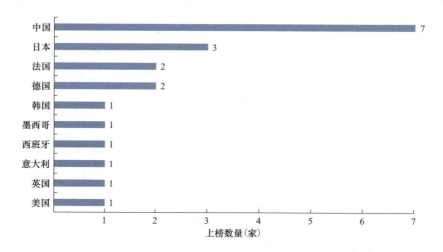

图 3-3　2020 年度上榜电力企业国别分布情况

资料来源：根据《财富》网站数据资料整理。

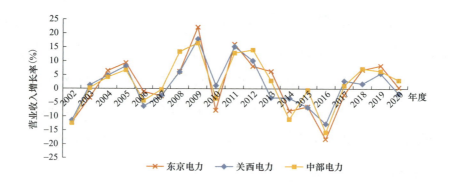

图 3-4　2002—2020 年度日本上榜电力企业收入增长情况

资料来源：根据《财富》网站及世界银行数据资料整理。

3.2　上榜电力企业国别分布发展情况

2020 年度上榜电力企业分布在 10 个国家，具体国别分布情况见图 3-5。

2020年度中国上榜电力企业最多，收入占比超过50%，其次是日本和德国各3家，法国2家，意大利、墨西哥、西班牙、韩国、英国和美国各1家。相比而言，在2001年度，中国仅有1家电力企业上榜，日本最多，为5家，美国、德国、法国各2家，意大利、英国、韩国各1家，上榜电力企业国别分布格局发生了重大变化。

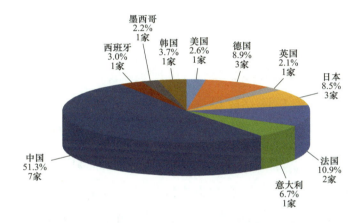

图3-5　2020年度上榜电力企业国别分布情况

资料来源：根据《财富》网站数据资料整理。

从榜单披露的净利润率与净资产收益率看，西班牙、美国与墨西哥的电力企业收益最高，其次是欧洲和日本的电力企业。在盈利为正的电力企业中，中国上榜电力企业净利润率和净资产收益率最低，韩国电力与英国森特理克集团出现亏损，见图3-6。

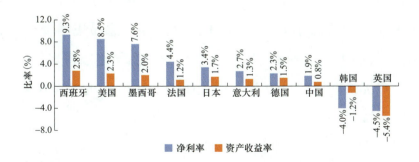

图3-6　2020年度上榜电力企业净利率与资产收益率情况

资料来源：根据《财富》网站数据资料整理。

3.2.1 德国电力企业

莱茵集团的目标是到 2040 年实现碳零排放，该规划早于欧盟 10 年。相较于 2012 年，莱茵集团的碳排放水平降低了 1/2，预计到 2030 年，莱茵集团的碳排放水平将为 2012 年的 1/4，其间每年将有 15 亿～20 亿欧元投资于风能、太阳能、水能与生物能。与意昂集团的资产置换，为莱茵集团成为全球领先的清洁能源供应商奠定了基础，并将新能源市场范围拓展至全球。2016 年，莱茵集团启动资产置换，以 INNOGY 公司 76.8％ 的股权置换意昂集团 16.7％ 的新能源业务，并于 2019 年 9 月完成最终批准手续，2020 年的合并报表反映的是完成资产置换后的新莱茵集团的经营业绩。同时，莱茵集团也重新定义了其业务结构，聚焦太阳能、风能等新能源发电、储能与能源交易。莱茵集团跌出世界 500 强榜单的主要原因是与意昂集团进行资产置换的 INNOGY 公司，在 2019 及之前年度为并表核算的子公司，而 2020 年度将 INNOGY 作为财务投资核算收益，但是 INNGOY 收入不计入合并利润表，致使莱茵集团收入规模出现较大幅度下滑。

意昂集团是本年度名次提升最快的电力企业，也是世界 500 强最大的五家电力企业之一，2017 年度，规模巨大的意昂集团营业收入开始出现断崖式下跌。2001－2020 年度意昂集团营收与上榜电力企业平均营业收入变化见图 3-7。2020 年度，意昂集团调整后的 EBITDA 同比增幅 15％，年报披露的总收入增速为 38％，受益于 INNOGY 的成功置换，意昂集团资产、股东权益、员工人数同比增幅 81％、54％ 和 82％。整合后，意昂集团将聚焦建设高效的能源网络与为客户提供能源解决方案，相关业务涵盖欧盟的 8 个国家，成为欧洲最大的输配电系统之一。

Uniper 公司是从意昂集团中分拆而成，2014 年 12 月意昂集团一分为二，新意昂集团仅保留可再生能源、能源输配和能源销售业务，煤炭、石油、天然气及核电生产、工程及销售领域则归属于新成立的 Uniper 公司，意昂集团持股

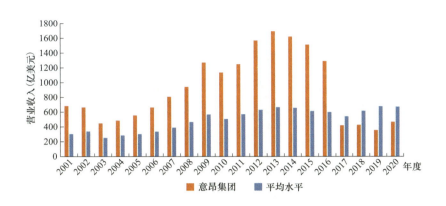

图 3-7   2001—2020 年度意昂集团营业收入与上榜电力企业平均营业收入变化

资料来源：根据《财富》网站数据资料整理。

46.65％。2016 年，Uniper 公司正式从意昂集团剥离。2017 年，Uniper 首次上榜世界 500 强，2017 年 9 月 Fortum（富腾公司，2003—2005 年世界 500 强分别位列 478、422、425 名）与意昂集团签订收购合同，2018 年 6 月收购包括意昂集团持有的 46.65％在内的 Uniper 公司的 47.12％的股份。2019 年 10 月，Fortum 再次收购了 Uniper 公司 20.5％的股份，成为 Uniper 公司实际控制人。

作为德国第三大能源上市公司，Uniper 公司制定了到 2035 年实现碳零排放的目标。到 2022 年，Uniper 公司将投资 12 亿欧元用于低碳排放。在未来几年，计划大幅增加其零碳发电量占比，例如通过签订风能和太阳能的长期电力购买协议。考虑天然气在低碳中的作用，Uniper 公司未来将持续扩大在天然气领域的投资。2019 年调整后的息税前利润为 8.63 亿欧元，与上调后的预期一致，也与上年同期持平；考虑摊销与折旧则有 15.61 亿欧元，净收入 6.44 亿欧元，比 2018 年同期大幅增长。2020 年度，Uniper 公司营业收入 737 亿美元，排名下降至 131 位。在年度报告中，Uniper 公司解释营业收入下降的主要原因是电力与天然气业务价格下降。2017—2020 年度 Uniper 公司营业收入与排名变化见图 3-8。

2019 财年和 2018 财年，Uniper 公司的营业收入构成见表 3-2。

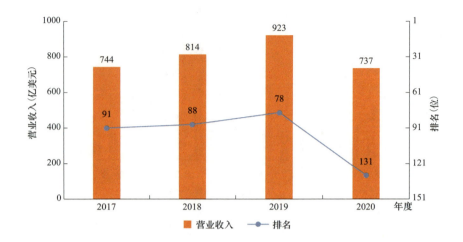

图 3 - 8　2017－2020 年度 Uniper 公司营业收入与排名变化

资料来源：根据《财富》网站数据资料整理。

表 3 - 2　　　　　　　　　　2019 年 Uniper 公司收入构成

业务	收入（亿欧元）		同比增长
	2019 财年	2018 财年	
电力	249.39	344.9	− 27.7％
天然气	340.65	494.61	− 31.1％
其他	68	48.62	39.9％
合计	6.580 4	8.881 3	− 25.9％

资料来源：根据 Uniper 公司年度报告整理。

3.2.2　英国电力企业

2001 年度以来，英国国家电网公司、森特理克集团和南苏格兰电力曾同时上榜，其中，英国国家电网公司 2018 年度退榜，南苏格兰电力 2019 年度退榜，2020 年度仅有森特理克集团一家在榜。英国上榜电力企业平均营业收入与上榜数量变化情况如图 3-9 所示。

2020 年，森特理克集团的营业收入同比下降 2％。该公司业务主要包括客户业务板块、商业业务板块与上游业务板块。客户业务板块方面，受北美能源供应收入增长的影响，收入同比大致持平，抵消了英国能源供应规模和价格降

图 3 - 9 2001—2020 年度英国上榜电力企业平均营业收入与上榜数量变化情况

资料来源：根据《财富》网站数据资料整理。

低的影响（部分原因是英国引入了默认关税上限）；商业业务板块方面，总收入下降了 7 亿英镑，主要原因是批发大宗商品价格下降和北美地区天气变暖对天然气业务收入的影响；上游业务板块方面，总收入减少了 4 亿英镑，原因是油气产量和核电发电量减少，以及大宗商品批发价格下跌导致天然气价格下降。森特理克集团各分部 2019 财年和 2018 财年收入情况见表 3 - 3。

表 3 - 3　　森特理克集团各分部 2019 财年和 2018 财年收入分布情况　　百万英镑

项目	2019 年			2018 年（调整后）		
	分部收入合计	减：关联交易	集团收入	分部收入合计	减：关联交易	集团收入
客户业务	11 956	—	11 956	11 870	—	11 870
商业业务	13 759	217	13 542	14 492	211	14 281
上游业务	2290	963	1327	2648	1418	1230
收入合计	28 005	1180	26 825	29 010	1629	27 381
会计调整			− 4151			− 4077
集团收入			22 674			23 304

资料来源：根据森特理克集团年度报告整理。

注　截至 12 月 31 日。

2018 年底，由于天然气和电力批发价格下跌，森特理克集团经营业绩承压，2019 年，面临日趋严峻的挑战，森特理克集团主要采取了两种应对方式：压降成本与战略调整，宣布将完成以客户为导向的转型，退出石油和天然气生产，并出售核能发电股份，致力于成为领先的国际能源服务和解决方案提供商，专注于在能源供应及其优化方面的独特优势，在家用能源管理、移动解决方案和系统优化等方面专注开展能源服务并为客户提供解决方案，确保公司能够为未来做好准备，持续满足客户不断变化的需求。森特理克集团主要业务组成见表 3-4。

表 3-4　　　　　　　　　　　　　森特理克集团主要业务组成

业务	业 务 结 构
客户业务	（1）向英国、北美和爱尔兰提供家庭集中供热和制冷设备销售、安装、维修和保养服务，并在英国和北美提供固定维修、故障处理服务与保险业务； （2）爱尔兰发电业务； （3）向集团运作的所有地区提供新技术和提高能源效率的解决方案
商业业务	（1）向商业客户供应天然气及电力，提供与能源有关的服务； （2）向集团运营的所有地区的商业和工业客户提供能效解决方案、灵活发电新技术； （3）英国和北美的能源贸易
上游业务	（1）天然气和石油生产、加工以及新油田开发； （2）英国核电业务

资料来源：根据森特理克集团年度报告整理。

2019 年度南苏格兰电力公司退出世界 500 强榜单，主要是因为在资产负债表日，子公司 SSE Energy Service 的资产和负债已作为持有待处置列示，收入与利润不再并表，从而影响收入 35.85 亿英镑，导致其营业收入大幅下降。

3.2.3　中国电力企业

近五年，中国华电、国家电投、中国华能等发电企业的净利润整体呈现下滑趋势（国家电投由中国电力投资集团公司与国家核电技术有限公司于 2015 年合并重组而成），中国大唐的净利润逐年上升。2015－2020 年度四大发电集团净利润情况如图 3-10 所示。

国家能源集团成立于 2017 年，由国电集团与神华集团合并而成，2017 年之前采用神华集团数据。可以看出，国家能源集团的净利润约为其他四家发电集团总和的 3 倍，且逐年呈现大幅上升趋势。2020 年度国家能源集团净利润同比上升 20.7％（营业收入同比下降 1.8％），见图 3-11。

图 3-10　2015—2020 年度四大发电集团净利润变化情况

资料来源：根据《财富》网站资料整理。

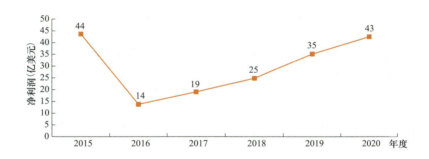

图 3-11　2015—2020 年度国家能源集团净利润变化情况

资料来源：根据《财富》网站资料整理。

近三年来，受输配电价改革与电价政策调整影响，输配电价连续下降，国家电网与南方电网营业收入与利润承压，其中，国家电网净利润从 102 亿美元降至 80 亿美元，南方电网净利润从 23 亿美元降至 18 亿美元。2015—2020 年度国家电网、南方电网净利润变化情况见图 3-12。考虑 2020 年降价与疫情等因素叠加影响，国家电网与南方电网净利润或进一步下降。

国家电网 2020 年度排名提升 2 位至第三位，超过中国石油。营业收入稳居上榜电力企业榜首，较 2019 年度增长 -0.8％（按人民币计价为 2.66 万亿元，

图 3-12　2015—2020 年度国家电网、南方电网净利润变化情况

资料来源：根据《财富》网站数据资料整理。

同比增长 3.9%），占上榜电力企业总收入的 28.5%，是排名第 2 位意大利国家电力营业收入的 4.3 倍。资产规模在全球业内遥遥领先，同比增长 4.25%，是资产规模第 2 位法国电力的 1.8 倍。根据榜单数据，净利润（79.7 亿美元）较上年下降 2.05 亿美元，仍为行业第 1，是第 2 位法国电力（57.7 亿美元）的 1.38 倍。

3.2.4　日韩电力企业

近二十年来，韩国电力与东京电力、关西电力、中部电力一直稳居榜单。四家企业中，东京电力营业收入最高，韩国电力发展速度最快，关西电力与中部电力经营较为稳健。日本电力企业自 2013 年度后收入出现下降，2018 年度后有所回升，韩国电力近两年发展速度放缓，效益连续两年下降。日韩四家主要电力企业营业收入变动情况如图 3-13 所示。

从图 3-14 反映的利润变动趋势看，东京电力与韩国电力利润波动最为明显。受福岛核事故影响，2011 年度东京电力亏损额达到 146 亿美元，直到 2014 年度才扭亏为盈，在 2010—2015 年度经历了过山车式发展。韩国电力则在 2015—2018 年度利润高企，2016 年度达到 118 亿美元，此后则一路下滑，2019 年度亏损 12 亿美元，2020 年度亏损额进一步扩大至 20 亿美元。两家电力企业经营效益下降的主要原因不一。

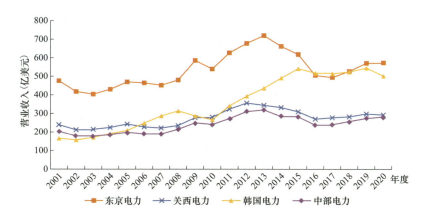

图 3 - 13　日韩四家主要电力企业营业收入变动情况

资料来源：根据《财富》网站数据资料整理。

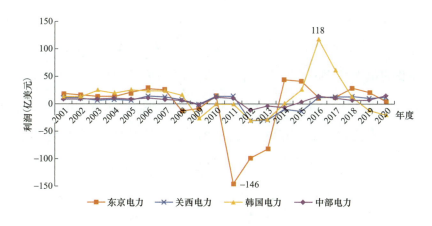

图 3 - 14　日韩四家主要电力企业利润变动情况

资料来源：根据《财富》网站及世界银行数据资料整理。

（一）东京电力

2007 年，受地震影响，东京电力所属柏崎刈羽核电站发生核泄漏事故，所有机组停运。柏崎刈羽核电站是世界上发电能力最大的核电站，发电容量占东京电力的 11％，发电量占东京电力的 18％。机组关闭后，对电力供应造成极大影响，东京电力不得不转向火力发电。在火力发电致使燃料费用大幅上升，以及核电站恢复所产生的费用的影响下，公司利润大幅下降。2011 年东日本大地震引发福岛核泄漏事故，面临超过 3 万亿日元赔偿，再一次让东京电力承受空前巨大的经营压力。东京电力借助发行债券和向政府、金融机构求助，解决企业危机。直至两年半之后，由于酷暑导致用电量增加以及提升电费等原因，东京电力才扭亏为盈。

（二）韩国电力

韩国电力经营业务实质上涵盖了整个韩国的电力生产。韩国电力在贸易部、工业能源部的宏观监控下进行运转，服从于韩国电力委员会的审查与价格控制。2018 年上半年，由于煤炭等发电原材料价格上升、核电开工率下降、LNG（液化天然气）发电成本上升、新追加投资带来的折旧费用增加等原因综合作用，导致韩国电力一、二季度皆未实现盈利，分别出现 1276 亿韩元和 6871 亿韩元亏损，合计达 8147 亿韩元，而 2017 同期实现营业利润 2.309 7 万亿韩元。2019 年，韩国电力运营亏损超过 1.3 万亿韩元，是 2008 年 2.7 万亿韩元亏损以来的最大亏损。年报显示，韩国电力归属于母公司普通股股东净利润为 -2.35 万亿韩元，同比下降 78.43%；营业收入为 58.57 万亿韩元，同比下跌 2.44%。亏损的原因一方面是供暖和制冷需求减少导致电力销售收入下降，另一方面是温室气体排放权购买、设施投资及核电站拆除等成本费用增加。

3.2.5 墨西哥国家电力

墨西哥国家电力（CFE）公司于 2005 年度首次上榜，排位 426 名，此后营业收入变动起伏较大，2009 年度排名最高到 370 位，营业收入为 242 亿美元，此后在 2010 年跌出世界 500 强榜单，2011 年度重新上榜，2014 年营业收入增至 317 亿美元，达到上榜以来的峰值，2017 年度跌出榜单，2019 年度又重新上榜，2020 年度排位 420 位，较上年度提高 23 位，营业收入同比增加 5.0 个百分点，到达 299 亿美元。CFE 公司历年营业收入及排名变化见图 3-15。

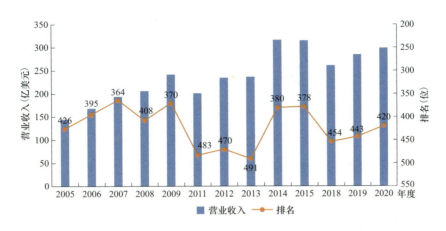

图 3-15 CFE 公司历年营业收入及排名变化情况

墨西哥国家电力在墨西哥电力工业中仍处主导地位，拥有 92％的发电容量和全部的输配电系统，还拥有所有地热发电和核电容量，并提供发电、输电、配电一体化服务。发电方面，墨西哥国家电力经营火电、水电、核电与新能源发电；输配电方面，墨西哥的联合电网为其 97％的人口供电，电网分为北部电网、北下加利福尼亚电网、南下加利福尼亚电网和南部电网四部分，其中南部电网公司是最大的电网公司，北部与美国得克萨斯州相连。

3.3 主要上榜电力企业转型发展情况

3.3.1 主要上榜电力企业业务结构

总体上看，2020 年度上榜电力企业业务结构的主要特征如下：

一是上榜电力企业多为发电、输电、配电、售电一体化运作，如西班牙 Iberdrola 建设、运营和管理发电厂、输配电设施和其他资产，使用常规能源和可再生能源发电，并在批发市场上进行电力和天然气贸易及其他相关产品贸易与服务；美国 Exelon 公司则利用核能、天然气、石油、风能、水力、太阳能和生物质能发电，并经营配电和输电以及能源销售业务；莱茵集团经营范围包括石油、天然气、褐煤、传统和可再生能源发电厂的建造和运营，以及原材料贸易、电力和天然气运输与销售；意昂集团经营电力、天然气、液化天然气、石油、煤炭、货运等业务；韩国电力设置五个营业部，分管输配电、发电（非核）、发电（核）、工厂维护和工程服务及其他业务；东京电力分为能源合作、电网、燃料与电力、控股公司四个业务部门，分别负责发电、传输和分配电力，运输燃料，电力和天然气零售，还为电厂提供远程监控、人员培训、咨询以及运营和维护服务。

二是以欧洲电力企业为代表的清洁低碳转型成为电力企业转型发展的主要趋势，如法国 Engie 集团致力于实现零碳转型；意大利国家电力专注于发展新能源并致力于开发新的可再生能源能力并逐步取代传统发电资产；莱茵集团专注于能源交易中的可持续发电；Uniper 公司致力于脱碳和可靠的能源生产，与炼油厂和汽车等行业开展跨行业合作，引入氢能生产；Engie 集团致力于实现零碳转型，通过技术、数字与融资支持，使其客户减少能耗并提高能效；森特理克集团也通过低碳转型来满足客户不断变化的需求。

三是国外电力企业多致力于国际市场拓展与国际业务布局。伴随电力服务市场需求从基础电力充足供应向个性、多元、及时的高质量电力服务转型，电力市场国际化、电力企业竞争全球化趋势不可避免。事实上，欧美主要电力公司均致力于开拓国际业务。相比之下，亚洲国家的电力企业国际化水平仍有很大提升空间。除日本的三家电力企业主要在日本本土提供电力服务，美国的 Exelon 公司业务主要在美国外，欧美主要电力企业均致力于在全球市场布局业务，如德国莱茵集团的目标市场为德国、荷兰和英国且于 2019 年 11 月，与意昂集团签订了为期 2.5 年的协议，向英国周围风电场提供 3TW·h 电力，12 月从英国能源供应商购得位于诺福克郡金林恩的燃气联合循环发电厂（CCGT）；意昂集团除在德国进行业务布局外，瑞典、匈牙利、英国、意大利、捷克共和国和罗马尼亚也有业务布局，意昂集团通过资产置换获得的 INNOGY 太阳能电池设施业务遍及欧洲、中东、北非、亚太地区、南美和北美等地区；从意昂集团剥离形成的 Uniper 公司目标市场包括英国、捷克、德国、俄罗斯、瑞典、法国、荷兰和匈牙利等；法国 Engie 集团业务更是遍及法国、北美、比利时、非洲、亚洲，甚至中东和大洋洲市场也在不断开拓中；韩国电力于 2018 年 10 月与越南工业贸易部合作，在能源效率管理、智能电网、电动汽车充电基础设施建设和虚拟电厂等领域展开合作；森特理克集团以 3700 万美元收购了能源服务和解决方案公司 SmartWatt，扩大在美国的业务；东京电力于 2019 年 3 月为孟加拉国 Kawranbazar 地区的地下变电站提供工程服务，同月与阿布扎比天然气液化有限公司签署谅解备忘录，以探索在 LNG 价值链上提供与运营和维护有关的技术咨询服务。各上榜电力企业主要业务结构见表 3-5，营业收入结构分布见表 3-6。

表 3-5　　　　　　　　　各上榜电力企业主要业务结构

序号	国别	公司名称	主 要 业 务	目 标 市 场
1	德国	莱茵集团	石油、天然气和褐煤； 传统和可再生能源发电	德国、荷兰、英国
2	德国	意昂集团	电力、天然气、石油、煤炭、货运	德国、瑞典、匈牙利、英国、意大利、捷克、罗马尼亚
3	德国	Uniper 公司	生产、交易和销售能源； 采购、储存、运输和供应天然气； 煤炭、水力、核能、生物能、风能、太阳能和其他来源生产电力； 提供风险管理解决方案	英国、捷克、德国、俄罗斯、瑞典、法国、荷兰、匈牙利
4	法国	Engie 集团	天然气、煤炭、核能、水力、风能、生物质能、太阳能发电、销售、供应、分配； 天然气交易； 提升能效的相关服务	法国、北美、比利时、非洲、亚洲、中东、大洋洲及其他欧盟国家
5	韩国	韩国电力	发电、传输和分配电力； 提供电厂建设服务	韩国、海外
6	日本	东京电力	发电、传输和分配电力； 运输燃料； 零售电力和天然气； 为电厂提供远程监控、人员培训、咨询以及运营和维护服务	整个日本关东地区，包括东京和都会区

续表

序号	国别	公司名称	主 要 业 务	目 标 市 场
7	日本	关西电力	生产和供应电能和热能； 采购和销售天然气； 信息技术和通信服务； 检查与安全等能源相关的服务	日本关西和首都地区
8	日本	中部电力	水力，热力，核能和可再生能源发电； 采购电力； 在天然气和电力领域提供全面的能源服务	日本
9	美国	Exelon公司	发电、配电和输电以及能源销售	美国
10	西班牙	Iberdrola公司	建设、运营和管理发电厂； 输配电设施和其他资产运营维护； 常规能源和可再生能源发电； 电力和天然气贸易及其他相关产品和服务	欧洲、北美、南美和其他地区
11	意大利	意大利国家电力	水力、风力、核能、地热、太阳能、热电和其他可再生能源发电； 运输和分配电力； 销售和交易电能、天然气、绿色证书和二氧化碳排放权	欧洲、北美、拉丁美洲、非洲、亚洲、大洋洲
12	英国	森特理克集团	销售和交易天然气、电力； 天然气和石油的勘探和生产以及天然气的储存； 提供一系列家庭能源解决方案以及低碳产品和服务	英国、爱尔兰、美国、加拿大、挪威、荷兰

资料来源：根据 globaldata 能源电力数据库及上榜电力企业年度报告资料整理。

表 3-6   主要电力企业营业收入结构分布情况

结构分布	2019 年度	2018 年度	2017 年度	2016 年度
莱茵集团				
褐煤与核能发电	7.7%	8.5%	2.6%	2.6%
欧洲发电	8.0%	6.8%	1.6%	1.7%
能源供应与交易	72.7%	76.4%	7.2%	8.0%

续表

结构分布	2019 年度	2018 年度	2017 年度	2016 年度
INNOGY 持续经营业务	8.8%	8.3%	88.6%	87.7%
收购意昂业务	2.8%			
意昂集团				
能源网络	19.3%	25.4%	37.3%	34.2%
客户解决方案	50.6%	63.7%	55.1%	58.3%
INNOGY	22.7%			
可再生能源	3.5%	5.1%	4.3%	3.1%
非核心业务	2.6%	4.0%	3.2%	4.4%
其他	1.4%	1.9%		
Uniper 公司				
欧洲发电	13.4%	12.4%	9.0%	9.2%
全球商品	85.2%	86.7%	89.6%	89.4%
国际发电	1.3%	0.9%	1.5%	1.4%
Exelon 公司				
发电	5.2%	5.0%	5.1%	47.7%
ComEd 公司	8.3%	8.1%	8.6%	20.3%
BGE 公司	15.4%	15.0%	15.0%	10.4%
PECO 公司	50.8%	52.0%	50.0%	10.4%
Pepco 公司	7.7%	7.7%	8.4%	11.7%
其他	12.5%	12.2%	13.0%	-0.4%
韩国电力				
发电无核	0.6%	0.7%	0.8%	0.7%
核能发电	0.0%	0.0%	0.0%	0.0%
输配电	50.2%	49.6%	50.1%	50.6%
其他	0.8%	0.5%	0.5%	0.4%
工厂维护和工程服务	48.4%	49.2%	48.6%	48.2%
东京电力				
控股公司	8.9%	9.5%	9.8%	22.6%
燃料发电	19.1%	18.2%	17.4%	15.6%

续表

结构分布	2019 年度	2018 年度	2017 年度	2016 年度
电网	16.8%	17.3%	18.0%	54.9%
能源伙伴	55.1%	55.0%	54.7%	6.9%
意大利国家电力				
监管收入	89.5%	90.6%	90.7%	91.0%
非监管收入	9.2%	8.9%	8.8%	8.8%
国际收入	1.2%	0.6%	0.5%	0.2%
森特理克集团				
消费者业务	44.6%	43.4%	46.7%	40.6%
商务业务	50.5%	52.2%	53.3%	59.4%
上游业务	4.9%	4.5%		

资料来源：根据 globaldata 能源电力数据库及上榜电力企业年度报告资料整理。

3.3.2 主要上榜电力企业国际业务发展

从全球来看，很多国家正在通过电力市场与体制改革，增加电力市场竞争以吸引投资。新兴市场国家成为能源电力企业兼并收购新热点。新兴市场的交易活动达到高点，如印度、墨西哥、中东、北非、拉美等国家地区；以欧洲能源企业为首的跨境交易正在瞄准新兴市场，给投资者带来进入高增长市场并布局多元化业务的机会。

面对经济发展低迷、电力需求饱和的形势，美国、欧洲以及日韩等地区的领先电力供应企业，纷纷将目光转向全球市场，通过在电力基础设施规划、建设、运营及技术和资本上的优势，借助资产重组、股权并购、项目投资及项目建设承包与咨询服务等方式，在全球拓展业务范围。主要电力企业营业收入国际分布见表 3-7。

表 3 - 7　　　　　　　　　主要电力企业营业收入国际分布情况

国家	国际分布	2019 年度	2018 年度	2017 年度	2016 年度
	莱茵集团				
德国	德国	36.9%	33.9%	62.0%	57.3%
	英国	38.4%	32.5%	17.5%	21.1%
	欧盟其他国家	18.0%	23.3%	18.6%	19.4%
	欧洲其他地区	3.7%	7.3%	0.7%	1.4%
	其他	3.0%	2.9%	1.2%	0.9%
	意昂集团				
德国	德国	61.7%	44.0%	69.4%	67.8%
	瑞典	6.6%	7.3%	6.9%	6.7%
	英国	30.8%	25.6%	22.3%	24.3%
	欧洲其他地区	0.0%	22.2%	0.7%	0.6%
	其他	0.9%	0.9%	0.7%	0.6%
	Engie 集团				
法国	非洲	0.7%	0.7%	0.5%	0.5%
	亚洲、中东和大洋洲	6.1%	—	—	—
	比利时	14.9%	11.2%	9.4%	10.4%
	法国	38.5%	44.9%	46.6%	44.1%
	北美	7.5%	6.6%	7.1%	9.3%
	欧盟其他国家	23.2%	27.0%	26.9%	26.5%
	欧洲其他地区	1.6%	1.5%	2.0%	2.3%
	南美洲	7.6%	8.0%	7.5%	6.8%
	Uniper 公司				
德国	德国	18.6%	32.6%	32.4%	31.1%
	瑞典	1.0%	1.7%	1.5%	2.3%
	荷兰	17.2%	28.8%	23.9%	22.8%
	英国	7.1%	21.0%	23.4%	25.7%
	欧洲其他地区	1.5%	14.6%	14.0%	16.4%
	其他	54.6%	1.4%	4.8%	1.6%

续表

国家	国际分布	2019 年度	2018 年度	2017 年度	2016 年度
		韩国电力			
韩国	国内	97.95%	96.3%	93.8%	92.5%
	海外	2.05%	3.7%	6.2%	7.5%
		Iberdrola 公司			
西班牙	西班牙	39.8%	40.4%	43.9%	60.7%
	英国	15.9%	17.8%	18.9%	29.3%
	美国	14.6%	15.2%	16.0%	
	巴西	18.8%	16.3%	11.0%	7.1%
	墨西哥	6.7%	6.7%	7.7%	
	其他	4.1%	3.7%	2.5%	2.9%

资料来源：根据上榜电力企业年度报告资料整理。

德国三家电力企业莱茵集团、意昂集团、Uniper 公司国际化水平均较高，境外业务收入占比分别为 62.1%、38.3% 和 81.4%。法国 Engie 集团境外业务收入占比为 61.5%，西班牙 Iberdrola 公司占比为 60.2%。相比较而言，日本、韩国的电力企业国际化水平仍较低，韩国电力主要在东南亚、南亚一带拓展境外业务，近两年来国际业务收入占比有下降趋势。以下选取亚洲的东京电力、韩国电力及西班牙 Iberdrola 公司展开具体分析。

东京电力在 2015 年对其组织架构进行调整成为控股公司。东京电力控股有限公司及下辖三家子公司，即东京电力燃料及发电股份有限公司、东京电力电网股份有限公司和东京电力能源伙伴股份有限公司。受区域内经济增长缓慢、人口数量减少和节能减排影响，中长期电力需求预计呈现增速放缓甚至大幅下降趋势，东京电力决定重新发展非监管业务并制定了 10 年业务发展计划，通过拓展境外输配电业务、电网周边业务和周边基础设施业务，并积极应对外部环境变化和改革风险，以实现收入和企业价值的增长。东京电力海外业务包括发电项目的投资以及利用领先电力行业经验为新兴市场提供电力业务及相关技术咨询服务。

韩国电力集团积极利用多元化的全球业务提高公司在海外市场的竞争力，海外收入占比逐年提升，目前已在17个国家布局32个项目。作为亚洲一流电力供应企业，韩国电力致力成为"智能能源的创造者"，大力发展智能电网，打造智能电力供应企业的品牌形象，以创新和融合为起点创造未来价值。同时，韩国电力以本国为试点并逐步向海外进行业务扩展。韩国电力在阿联酋建设了核电站，并已在我国成功运营风力发电站，在菲律宾、缅甸、印度尼西亚、利比亚、埃及、巴拉圭和乌兹别克斯坦等11个国家实施改进输配电技术项目。此外，韩国电力在澳大利亚和印度尼西亚运营五个无烟煤项目，在加拿大和尼日尔运营五个铀矿项目。

西班牙 Iberdrola 公司同样强力布局多元化海外业务，过半的收入来自西班牙境外业务。同时，Iberdrola 公司承诺发展高效清洁能源，致力于发展清洁电力、风力发电、潮汐发电、碳减排项目。Iberdrola 公司业务范围覆盖至欧洲、美国、加拿大、墨西哥、巴西等国家和地区，涉及电网、海上风电、陆上风电、新能源等多样业务。Iberdrola 公司还在 2016—2020 战略规划中提出要注重创新，加强在智能电网、清洁发电、海上风电和新科技方面的投入。

3.3.3　主要上榜电力企业机遇挑战

通过深入分析莱茵集团、意昂集团、Uniper 公司、Engie 集团、韩国电力、东京电力、关西电力、中部电力、Exelon 公司、Iberdrola 公司、意大利国家电力及英国森特理克集团的竞争优势与劣势、面临的机遇与挑战，梳理总结了全球电力行业面临的形势，见表 3-8。

表 3-8　　　　　主要上榜电力企业 SWOT 分析

公司名称	优势	劣势	机会	威胁
莱茵集团	注重研发：通过外部合作伙伴开展研发活动，改善褐煤和二氧化碳的使用，2019 年研发投入强度 0.2%	诉讼：受到环保主义团体的起诉，2019 年 3 月与德国政府达成协议，同意加速淘汰褐煤发电，并尽早关闭哈姆巴赫露天煤矿	德国电力需求增加：预计到 2030 年，德国用电量将增加到 538.3 TW·h，发电总装机容量将增长到 262.4GW，年发电量将增长到 635.1TW·h	区域和经济影响：欧洲各地的经济和政治状况对莱茵集团的天然气和硬煤发电站构成了挑战，暂时关闭了德国和荷兰的一些燃气电厂及硬煤发电站

续表

公司名称	优势	劣势	机会	威胁
意昂集团	**主营业务:** "客户解决方案"部门是该公司收入的主要贡献者,占 2019 年公司收入的 54.9%。 **运作能力:** 从概念、设计、采购、融资、实施到运营和维护整个价值链提供服务,并在工业发电领域享有盛誉	**债务:** 在 2019 财报中报告巨额债务,可能会因大部分收益将被用于偿还债务而影响其运营效率	**战略举措:** 2019 年 11 月,宣布建设生物质发电厂的计划。2019 年 5 月,宣布在其四个配电网运营商服务区域内调试 2500 个数字变电站	**输配电网络安全:** 容易发生火灾事故和其他类似事故,传输网络缺乏适当的维护会导致电力输送中断和其他事故
Uniper 公司	**全球商品业务线**是收入的主要来源。天然气交易点的价格和销量增加、增加排放配额的交易是实现此改进的因素,是德国和瑞典最大的水力发电厂运营商之一,也是欧洲领先的商品贸易商和供应商	**国际发电业务线:** 机组检修导致的停机时间增加;不利的汇率影响;股本回报率低	**能源基础设施投资:** 在"连通欧洲设施"计划下,欧盟成员国计划投资 8 亿欧元用于各种能源基础设施项目,电力和智能电网占 5.04 亿欧元,其中 930 万欧元将支持有关二氧化碳运输基础设施发展的研究	**运营问题:** 恶劣天气条件或自然灾害引起设备事故或损坏。 **批发市场风险:** 市场结构的变化或该国现有发电和供电业务的整合,可能会导致市场活跃参与者数量减少。Uniper 公司将无法通过批发市场交易对冲短期至中期的能源价格风险
Engie 集团	**革新:** Engie 集团致力于通过利用可再生能源、数字技术领域的专业知识为个人、城市和公司开发能源解决方案,以及使用智能技术开发智能能源管理方案和存储解决方案,以便于更有效地响应客户需求	**债务:** Engie 在 2019 年财报中报告巨额债务,总债务增幅为 18.6%。债务权益比率从 2018 财年的 0.8 增加到 2019 财年的 1.1	**天然气需求增长:** 全球对天然气的需求不断增长可能为 Engie 提供增长机会。预计到 2040 年,非经合组织地区将占天然气需求的主要份额	**激烈的竞争环境:** Engie 遇到了来自独立电力生产商、贸易公司、金融机构、市政当局、零售负载聚合商、零售电商、合作社和受监管公用事业公司的竞争,这些竞争对手可能拥有广泛和多样化的开发或运营经验,以及更多的财务资源

公司名称	优势	劣势	机会	威胁
韩国电力	**专注研发**：致力于开发可再生能源、智能电网和用户友好型电力服务技术。未来计划将其收入的 4.9％用于研发，以顺应行业中的数字化、去碳化和去中心化趋势，并从中长期技术环境中获得可持续增长的机会。 **环境管理**：韩国电力在从生产到运输和销售的整个运营过程中实施环保管理，以确保与利益相关者的相互信任。 **市场地位**：拥有韩国总发电量的 68.3％，在韩国输配电市场中拥有 100％的市场份额	**诉讼**：诉讼会增加公司成本，并可能影响公司运营的可持续性。近期，一个民间团体提起诉讼，要求重新启动 Wolsong 1 号核电站，并在经过定期检查后得到了 NSSC 的批准	**可再生能源倡议**：韩国政府宣布减少对核能和燃煤发电的依赖，并增加可再生能源发电计划。到 2030 年将可再生能源比例提高 20％到 58.5GW	**燃油价格波动**：燃油价格波动和汇率波动可能会影响公司的运营。如果燃料价格大幅上涨，韩国电力可能无法以商业上可接受的价格获得所需的燃料供应。 **社会文化环境 - 公众不接受的风险**：核电工业需求增长取决于公众对核技术的接受程度，以及发电的安全性。核工业受到公众舆论的风险可能对核电的需求产生不利影响并提高对核电工业的监管要求
东京电力	**资产组合**：多元化资产组合使公司能够减少对特定燃料的依赖，确保自己免受燃料成本波动的影响，并在电力市场上获得竞争优势。 **业务绩效**：能源合作业务是其收入的主要来源。在 2019 财年，该业务占公司收入的 89.6％，同比增长 5.7％。燃油成本调整所致的电费收入上涨是这种改进的原因。 **市场地位**：东京电力是日本最大的能源公用事业公司，也是全球领先的公用事业公司之一，在日本的电力销售总量中占 27％的份额，是日本第四大天然气零售商	**金融债务**：东京电力公司在 2019 财年继续报告巨额债务，这可能会影响其经营业绩，因为其收益大部分将被用于偿还债务，可能会引起投资者关注，并使公司难以优惠的条件从市场筹集资金	**商业计划**：通过向全日本各地的家庭（不包括冲绳县）出售电力来扩大其在日本的服务范围，其电价比主要竞争对手低 3％。 **行业电力需求增加**：日本电力需求的增加可以为公司提供充足的增长机会。根据内部研究，到 2030 年，日本用电量预计将增加到 2806.6TW·h	**竞争**：由于零售电力和天然气市场放松管制，日本能源市场竞争日趋激烈。2019 财年电力销售同比下降 4.2％。 **季节变化和气候条件**：气候变化带来断电，更高成本和使用变化的威胁。不利的气候条件也会影响公司的电力系统。2019 年 9 月，台风"哈吉比"飓风影响了该公司 370 000 住宅用户的用电

续表

公司名称	优势	劣势	机会	威胁
关西电力	**注重研发**：该公司旨在通过提供安全稳定的电力输送、高质量知识资产来提高竞争力，并增强其在市场中的地位。2019财年研发支出占收入的 0.4%。 **资产组合**：经营 170 家发电厂，装机容量 34 259MW。其中，火电占 56.75%，水电占 24.02%，核电占 19.2%，可再生能源占 0.03%	**债务**：该公司在 2019 年财报中报告巨额债务，较 2018 年增加了 3.7%，其债务权益比率为 2.28，高于同年发电行业平均水平 1.71 个百分点	**战略举措**：2019 年 9 月投产老挝 Nam Ngiep 1 水电站。在 2019 年 7 月，为进入欧洲配电业务，收购了英国 Electricity North West Limited 的部分股份。 **日本电力需求增加**：根据内部研究，到 2030 年，该国的用电量预计将增加到 2806.6 TW·h，发电总装机容量将增长到 748.6GW，年发电量将增长到 3263.8 TW·h	**激烈的竞争环境**：由于日本零售电力和天然气市场的放松管制，最近日本零售能源市场竞争加剧。在开放的能源市场中，液化天然气的采购成本直接影响公司的竞争力，使能源销售的预测更加困难。 **季节变化和气候条件**：2019 财年，由于 21 号台风，公司的每户家庭停电时间从 2018 年的 15min 增加到 397min
中部电力	**客户服务与销售**板块是公司收入的主要来源，2019 财年占公司收入的 87.2%，同比增长 4.7%，过去三年中复合年增长率为 6.2%，这归因于天然气供应及燃料成本调整费用的增加。2019 财年的营业利润同比增长 70.5% 至 650.20 亿日元。 **环境管理**：在供需方面采取了各种举措，包括提高其热电站的热效率和进一步利用可再生能源。目标是到 2030 年实现 CO_2 排放强度达到 0.37kg - CO_2/(kW·h) 的目标	**债务**：公司在 2019 财年继续报告巨额债务，2019 财年公司的总债务增长 14.7%。债务权益比率为 1.16；其股本回报率（ROE）为 4.47%，低于发电行业同年的 7.93%	**协同合作**：2019 年 8 月，中部公司与东京电力公司控股公司签署协议，成立合资企业 e - Mobility Power Co Inc，以支持下一代移动社会。在此基础上，新公司提供了电气安装、维护和保养技术以及用于操作电气基础设施的专有技术。 **工厂效率**：发电产品组合的优化使该公司能够以更实惠的价格供应电力并降低燃料成本。在 2019 财年，中部将其火力发电厂的整体热效率从 2018 财年的 48.94% 提高到 50.11%。西名古屋热电站 7 号机组使用了最新的高效联合循环发电方法，该方法使用 LNG 作为燃料，具有世界上最高的热效率	**季节变化和气候条件**：2019 财年，由于夏季台风，中部的每户平均停电时间从 10min 增加到 348min。 **激烈的竞争环境**：由于零售电力和天然气市场的放松管制，最近日本的能源市场竞争日趋激烈，在 2019 财年，竞争加剧导致客户转换，进而使公司电力销售量下降 3.2 TW·h

公司名称	优势	劣势	机会	威胁
Exelon 公司	**市场地位**：稳固的市场地位使该公司能够满足不断增长的能源需求。 **商业模式**：集成的业务模型使公司能够通过卓越运营为客户提供价值主张和竞争优势。受监管和具有竞争力的业务具有多种属性，可为股东和客户提供独特的价值主张。发电业务提供的自由现金流用于公用事业和长期合同资产的投资，可减少债务融资；公用事业注册人为收入稳定增长提供了基础	**业务绩效**：在 2019 财年，该业务线占公司收入的 9%，同比下降 2%。减少的原因是不利的天气条件和较低的客户使用率使电力和天然气需求下降。 **金融债务**：在 2019 财年继续报告巨额债务，这可能会影响其运营绩效，因为其大部分收益将被转用于偿还债务	**战略举措**：2019 年 12 月，与 Adapt2 Solutions 合作，在整个北美 ISO 市场上改进了后台系统。 **天然气需求**：美国一直是北美最大的天然气生产国和消费国。随着美国对天然气需求的增加，公司可以加强其天然气分销活动	**政治与法律环境**：公司的运营受监管和立法措施的约束，法规变更、违反关税、市场规则和反操纵法律可能会影响公司运营
Iberdrola 公司	**领先的市场地位**：在苏格兰、威尔士和英格兰的输配电网络中排名第一；是西班牙排名第一的风能生产商和能源生产商，排放量比行业平均水平低 70%；墨西哥第一大私人电力生产商；巴西和拉丁美洲领先的能源公司之一；美国第三大风能生产商；康涅狄格州、缅因州、纽约和马萨诸塞州的领先电力和天然气分销商。 **环境管理**：该公司致力于到 2030 年将二氧化碳排放量减少 50%；并在 2050 年之前实现碳零排放。2019 财年，其在西班牙的 CO_2 排放量远低于其他西班牙公司的二氧化碳排放量，比欧洲平均水平低约 65.5%	**现金储备减少**：公司现金和等价物从 2018 财年的 26.573 亿欧元下降 39.3% 至 2019 财年的 16.13 亿欧元，导致该公司投资和融资活动产生负现金流量，分别为 18.08 亿欧元和 2.769 亿欧元。 **意外事故频发**：2019 财年，该公司报告员工安全事故 399 起。公司共解决了 64 起与西班牙事故有关的法律诉讼；美国、巴西分别有 59、122 起的法律诉讼仍有待解决	**战略投资**：2019 年 6 月，Iberdrola 的分销业务 i - DE 宣布将扩展其数字网络，并通过在西班牙投资 6 亿欧元，在未来十年内开发和配备具有更高智能化水平的配电网。 **股本回报率**：较高的净资产收益率表明该公司能够有效利用其权益基础为股东提供更好的业绩。在 2019 财年，公司的净资产收益率为 9.04%，高于上一年的 8.23%	**不利的市场条件**：根据万德（欧洲）数据显示，风电行业在 2020 年底前会有大量风电场的注册和安装，但是政策及 2020 年后气候和能源框架的不确定性会影响到风能行业的增长，并且行业价值链中成本的降低和竞争的加剧正使海上风电领域的投资降低。 **输配电网络安全**：公司面临滥用供电网运行中的关键参数变化的风险。电力系统分离和严重的过度使用可能导致停电，主电网的广泛使用会导致输电线路加速老化

续表

公司名称	优势	劣势	机会	威胁
意大利国家电力	**市场地位**：意大利国家电力是全球领先的电力和天然气综合运营商之一，也是欧洲领先的能源公司之一，在全球拥有超过 7300 万最终用户，在欧洲拥有最大的客户群。 **资产组合**：水电占 31%、CCGT 占 19%、煤炭占 18%、石油和天然气占 11%、核能占 4%、其他可再生能源占 17%。 **热力发电及贸易**：该部门是公司收入来源的主要贡献者。2019 财年，该部门收入占公司总收入的 38%，增长 14.6%	**最终用户市场**：最终用户市场部门是其收入来源的第三大贡献者，占公司收入的 33.9%。2019 财年该部门收入下降 4.2%。 **债务**：2019 财年该公司继续报告巨额债务，公司的总债务比 2018 财年增加了 9.9%，债务权益比率从上一年的 1.6 增加到 1.9	**全球电力需求增长**：到 2040 年，全世界的发电量预计将从 2020 年的 25.8 万亿 kW·h 增加 69%。到 2040 年，可再生能源和天然气的发电量预计分别增长 29% 和 28%。 **欧盟成员国对能源基础设施的投资**，重点领域包括电力、智能电网、二氧化碳跨境运输和天然气	**批发市场的风险**：能源批发市场的流动性取决于愿意积极交易的交易方数量。在该国现有发电和供电业务的整合影响下，市场活跃参与者数量可能会减少。 **运营季节性**：冬季对天然气的需求增加，但持续的寒冷天气可能会影响公司的运营，因为它可能被迫以现货价购买天然气以履行合同义务。这种情况可能会对公司充分满足客户需求的能力构成挑战
森特理克	**综合能源业务**：该公司的集成业务运营模式遍布整个能源价值链，业务包括石油和天然气的勘探和生产、发电、储气和贸易以及油气的优化。在下游领域，该公司通过其全资子公司为英国、北美和爱尔兰超过两千万住宅客户提供能源服务	**运营问题**：内外部突发事故影响到公司的运营和财务状况	**美国电力需求增长**：到 2030 年，美国的电力消耗将增加到 4222.6TW·h，总装机容量预计将增长到 1562.9GW，年发电量预计将增长到 4479.4TW·h。 **全球对石油产品需求增加**：到 2040 年，全球对石油产品的需求将增加到 111.1Mbbl/d，对柴油和汽油的需求将分别增长到 36.1Mbbl/d 和 26.7Mbbl/d	**勘探开发风险**：技术和回收成本的总和可能高于从生产中获得的收入，再加上其他不可控因素有可能导致生产延误和永久性关闭油井，这也可能会影响其收入

资料来源：根据 globaldata 能源电力数据库及上榜电力企业年度报告数据资料整理。

一是宏观经营环境不确定性增强，用电量需求增长与政府监管加强效应叠加，电力企业单一盈利模式受到挑战。根据《国际能源展望》，预计到 2040 年全球发电量将比 2020 年增加 69%，其中，可再生能源和天然气的发电量仅分别增长 29% 和 28%。以德国的三家主要电力企业为例，欧洲各国经济和政治状况对天然气和硬煤发电站构成了挑战。一方面，预计到 2030 年，欧洲用电量将增加到 538.3 TW·h，发电总装机容量预计将增长到 262.4 TW·h，年发电量将增长到 635.1TW·h；另一方面，低碳清洁发展目标、环保主义团体的起诉及电价的波动可能会导致运营成本的增加，进而影响财务业绩。以韩国电力为例，燃油价格波动和汇率波动可能会影响运营。如果燃料价格大幅上涨，韩国电力可能无法以商业上可接受的价格获得所需的燃料供应。因此，在电力需求增速减缓、低碳转型诉求增强、原料市场价格波动都对电力企业单一化模式，尤其是以化石燃料为主的发电业务经营模式，将受到严重挑战。

二是注重通过并购重组开展多元业务，提升市场竞争地位。电力和天然气市场改革将使新参与者进入该行业，这可能会进一步影响能源价格。如 Uniper 公司大力建设液化天然气加气站网络，满足并扩大重型车辆液化天然气需求，减少对特定燃料的依赖，保护自身免受燃料成本波动的影响，并在电力市场上形成竞争优势。2019 年 12 月，Engie 集团收购了太阳能公司 Ikaros Hemero 超过 50MW 的项目管道。同月宣布计划以 24 亿美元的价格从葡萄牙的 Energias 收购水力发电厂。电力企业通过并购重组进行业务多元化转型与实施组合式能源策略是积极应对单一盈利模式弊端的重要举措。

三是注重开展利益相关者关系管理，积极优化经营环境。如，Iberdrola 公司 2019 年在西班牙的 CO_2 排放量远低于西班牙其他公司，比欧洲平均水平低约 65.5%。且 Iberdrola 正致力于到 2030 年将二氧化碳排放量减少 50%，并在 2050 年之前实现碳零排放。又如韩国电力在从生产到运输和销售的整个运营过程中实施环保管理，并确保与利益相关者的相互信任。积极与政府、投资者以及社会公众等利益相关者之间建立友好关系，既是电力企业积极履行社会责任的体现，也是优化经营生态，提升环境适应能力与竞争能力的举措。

四是债务负担是电力企业不容忽视的财务风险。2019 财年，意大利国家电力继续报告巨额债务，总债务同比增加 9.9%，债务权益比率从上一年的 1.6 增加到 1.9；Engie 集团在 2019 年财报总债务大幅增长 18.6%。其中，债务权益比率从 2018 财年的 0.8 增加到 1.1；经营效益良好的 Iberdrola 公司的现金和等价物从 2018 财年的 26.573 亿欧元下降 39.3% 至 2019 财年的 16.13 亿欧元，这导致该公司 2019 财年的投资和融资活动产生负现金流量，分别为 18.08 亿欧元和 2.769 亿欧元；Exelon 公司在 2019 财年继续报告巨额债务，因其大部分收益将被用于偿还债务，巨额债务将可能会影响其运营绩效；日本的三家电力企业债务负担较重，2019 财年中部电力总债务增长 14.7%，净资产收益率为 4.47%，低于发电行业同年的 7.93%，东京电力公司负债较 2018 年增加了 3.7%，其债务权益比率为 2.28，高于同年发电行业平均水平 1.71 个百分点。电力企业高额的债务水平一方面可能导致偿债现金流影响经营现金流的正常运转，从而降低电力企业的运行效率；另一方面也将可能会引起投资者的关注，并使其难以以优惠条件从市场筹集资金，使高规模、高成本债务融资形成恶性循环。

3.4 主要上榜电力企业经营指标分析

3.4.1 盈利能力分析

收入利润率：2020 年度，20 家上榜电力企业收入利润率中位数为 2.2%，均值为 2.8%，西班牙 Iberdrola 公司最高，为 9.3%，英国森特理克集团最低，为 -4.5%。2020 年度 20 家上榜电力企业收入利润率变动情况见图 3-16。欧洲、日本的电力企业收入利润率整体高于中国上榜电力企业，其中国家电网和南方电网分别为 2.1% 和 2.2%，位居中等水平。中国发电企业中，中国华能的收入利润率最低，国家能源集团收入利润率最高。韩国电力连续两年亏损。

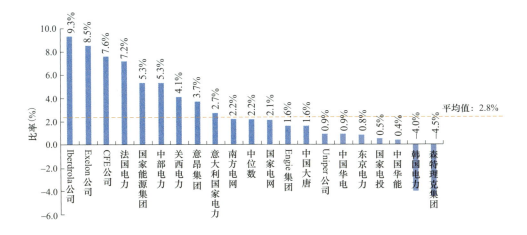

图 3 - 16　2020 年度 20 家上榜电力企业收入利润率变动情况

资料来源：根据《财富》网站数据资料整理。

净资产收益率：2020 年度上榜电力企业净资产收益率中位数为 5.3%，均值为 5.6%，意昂集团排名第一，为 17.2%，英国森特理克排名最后，为 -81.9%。法国电力、美国 Exelon 公司与西班牙 Iberdrola 净资产收益率均超过 9.0%。中国上榜电力企业中，净资产收益率最高的为国家能源集团，为 7.1%，南方电网与国家电网分别为 3.5% 和 3.2%，中国华电、中国大唐、中国华能及国家电投的净资产收益率排名靠后。日本的三家电力企业中，东京电力迟迟未能走出福岛核事故影响，经营成本与费用仍处于较高水平，整体盈利能力依然靠后，短期内仍难以看到好转迹象。2020 年度 19 家上榜电力企业净资产收益率见图 3 - 17。

3.4.2　资产质量分析

流动资产周转率：2020 年度上榜电力企业流动资产周转率中位数为 3.1，其中，中国上榜电力企业整体流动资产周转情况良好，国家电网和南方电网分别以 13.1 和 11.9 位居前两位，中国华电、国家能源集团、中国大唐与中国华能的

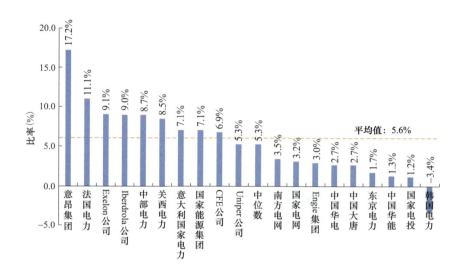

图 3-17　2020 年度 19 家上榜电力企业净资产收益率

资料来源：根据《财富》网站数据资料整理。

注：森特理克净资产收益率为 −81.9%，远低于均值，未在图中反映。

流动资产周转率也均高于中位数，国家电投与中位数持平。相比较而言，欧洲电力企业流动资产周转情况较弱，法国电力与 Engie 集团流动资产周转率在 1.0 左右。2020 年度 20 家上榜电力企业流动资产周转率变动情况见图 3-18。

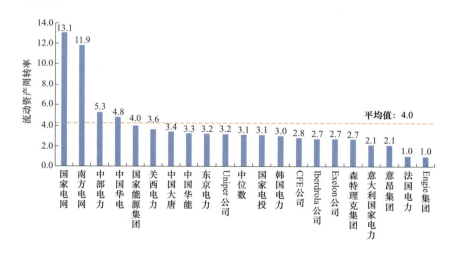

图 3-18　2020 年度 20 家上榜电力企业流动资产周转率变动情况

资料来源：根据《财富》网站数据资料整理。

总资产周转率：2020 年度上榜电力企业总资产周转率中位数为 0.3，Uniper 集团和森特理克集团位居前两位，国家电网、南方电网和意昂集团位列第三至五名，法国电力位列最后。总体而言，我国上榜的两家电网企业总资产周转率好于五家发电企业，加强资产质量管理仍面临一定挑战。20 家上榜电力企业总资产周转率见图 3-19。

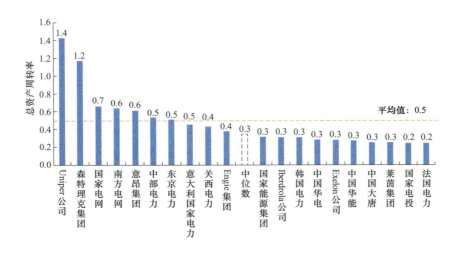

图 3-19　20 家上榜电力企业总资产周转率变动情况

资料来源：根据《财富》网站数据资料整理。

3.4.3　偿债能力分析

资产负债率：2020 年度上榜电力企业资产负债率中位数为 72.8%，超过 80% 的电力企业主要有森特理克集团、意昂集团和法国电力，低于 60% 的电力企业为国家能源集团、南方电网和国家电网。韩国电力与西班牙 Iberdrola 公司的资产负债率水平也较低。五大发电集团中，国家电投、中国华能、中国华电的资产负债率高于中位数，国家能源集团资产负债率低于中位数水平。2020 年度 20 家上榜电力企业资产负债率情况见图 3-20。

已获利息倍数：2020 年度上榜电力企业已获利息倍数中位数为 2.0，中部电力最高，为 10.5，森特理克集团与韩国电力最低，分别为 -3.3 和 -0.2。整

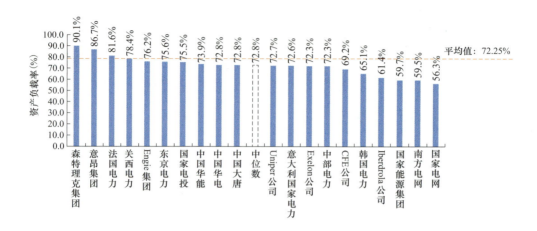

图 3-20 2020 年度 20 家上榜电力企业资产负债率情况

资料来源：根据《财富》网站数据资料整理。

体而言，日本三家电力企业中，东京电力偿债能力较弱，中部电力与关西电力偿债能力较强；中国 7 家上榜企业中，国家电网、南方电网与国家能源集团偿债能力较强，其他四大发电集团偿债能力中等，本年度经营业绩下滑的英国森特理克集团、韩国电力的已获利息倍数指标排名靠后。2020 年度 20 家上榜电力企业已获利息倍数指标变动情况见图 3-21。

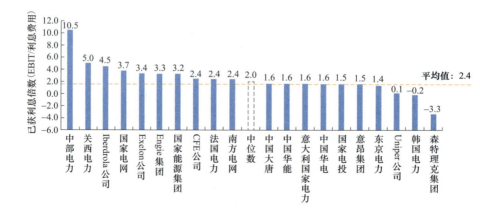

图 3-21 2020 年度 20 家上榜电力企业已获利息倍数指标变动情况

资料来源：根据《财富》网站数据资料整理。

3.4.4   发展潜力分析

营业收入增长率：2020 年度上榜电力企业营业收入增长率中位数为 -1.1%，反映整体经营业绩走低。其中，意昂集团最高，为 31.3%，主要是因为将 INNOGY 纳入合并报表核算反映，其次是国家电投、中国华能与 CFE 公司，按照美元计算，国家电网营业收入增长率为 -0.8%（按人民币口径计算，营业收入同比增长 3.9%），略高于中位数水平。2020 年度 20 家电力上榜企业营业收入增长率变动情况见图 3-22。

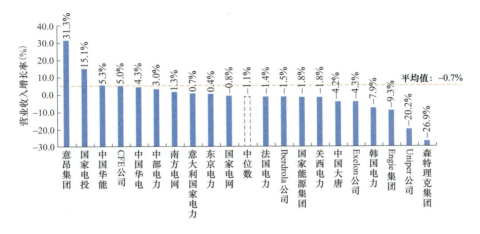

图 3-22   2020 年度 20 家电力上榜企业营业收入增长率变动情况

资料来源：根据《财富》网站数据资料整理。

利润增长率：2020 年上榜电力企业利润增长率中位数为 2.8%，中位数以上的企业利润增长率为正，法国电力最高，约为 315.4%，其次为中部电力，为 109.9%。排名最后的为森特理克集团，为 -634.8%。中国上榜电力企业中，中国大唐、国家能源集团和国家电投的利润增长率依次分别为 31.9%、20.7% 和 5.2%，中国华能利润增长率为 20.4%。由于森特理克集团利润增长率过低，Uniper 公司本年度扭亏为盈，韩国电力则连续两年亏损，故将这三家作为异常值单独分析。2020 年度 20 家电力上榜企业利润增长率变动情况见图 3-23。

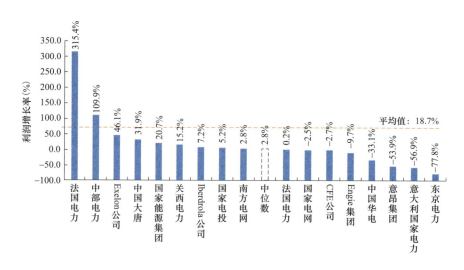

图 3-23　2020 年度 20 家电力上榜企业利润增长率变动情况

资料来源：根据《财富》网站数据资料整理。

注：中国华能、Uniper 公司、森特理克集团、韩国电力因利润增长率数据缺失或异

　　常，未列入图表分析。

综上，2001 年度以来，共有 37 家电力企业曾上榜世界 500 强，其中国家电网除 2017 年度外，收入一直呈持续增长态势，也是唯一一家收入超过 2000 亿美元的电力企业。南方电网收入也呈增加态势，2020 年度收入超过 600 亿美元。意昂集团 2013 年度收入达到顶点后持续下降，2019 年度开始回升。意大利国家电力、法国电力发展较为平稳。Engie 集团、Uniper 公司、国家能源集团、国家电投等为近五年重组整合成立的新企业，总体发展状况尚不稳定。韩国电力与英国森特理克集团发展趋缓，近两年效益呈下降态势。

2020 年度 20 家上榜电力企业整体收入利润有所下滑，欧洲大陆上榜电力企业盈利能力较强，但负债水平偏高，英国森特理克集团为本年度上榜电力企业经营业绩最差企业，德国电力企业近五年来转型发展成效初显，日本上榜电力企业中东京电力盈利、偿债和发展潜力指标均较弱，中部电力与关西电力经营较为稳健。中国上榜的五大发电集团与两大电网企业发展也各具特色，国家电网、南方电网与国家能源集团资产管理状况良好，整体偿债能力较强，但收

入增长和利润增长指标较弱，尤其是两大电网企业，受输配电价改革影响，收入利润率、净资产收益率、收入增长率与利润增长率指标出现下滑。

3.5　主要上榜电力企业综合分析

2020年度，20家上榜电力企业经营情况各异，大部分上榜电力企业营业收入、利润同比均有所下降。为更全面、准确地分析上榜电力企业综合竞争力，本报告从"经营实力""财务绩效"与"技术经济"三个维度构建数据分析模型，选取15家电力企业❶，从规模总量、结构等层面开展对标分析，寻找中国电力企业与国际一流企业的差距，为输配电价改革背景下中国电力企业经营发展提供有益参考。

3.5.1　分析模型构建

为避免单一指标的局限性，在经营实力方面，选取了资产、股东权益规模、员工人数、营业收入、EBITDA（息税折旧摊销前利润）5个指标进行综合分析；在财务绩效方面，依据国务院国资委《中央企业综合绩效评价管理暂行办法》及其实施细则，选取了衡量企业盈利能力、债务风险、资产质量和经营增长的8个基础指标进行分析；在技术经济指标方面，采用综合线损率、清洁能源占比、单位资产售电量指标。

各指标权重设置如下：财务绩效部分，参照《中央企业综合绩效评价管理暂行办法》规定，考虑可比性，对部分指标进行微调。经营实力部分，通过数理统计测算指标间的相关性，结合行业特点，确定各项经营实力指标权重，如表3-9所示。

---

❶ 考虑国外电力企业经营范围多涉及发、输、配、售各个环节，且衡量经济技术能力采用了单位资产售电量指标，中国上榜电力企业中中国大唐、中国华能、国家电投、中国华电无法获取该指标，故对标分析时中国上榜电力企业仅选取国家电网与南方电网。

表 3 - 9 世界一流电力企业绩效对标指标体系

基本指标	一级指标（比例）	二级指标
财务绩效指标	经营增长（22%）	销售（营业）增长率（12%）
		资本保值增值率（10%）
	债务风险（22%）	资产负债率（12%）
		已获利息倍数（10%）
	资产质量（22%）	总资产周转率（10%）
		应收账款周转率（12%）
	盈利能力（34%）	净资产收益率（20%）
		总资产报酬率（14%）
经营实力指标		资产总额（20%）
		权益（20%）
		员工人数（20%）
		营业收入（20%）
		EBITDA（20%）
技术经济指标		综合线损率
		清洁能源占比
		单位资产售电量

世界 500 强上榜电力企业综合竞争力分析模型基本原理：分别计量经营实力得分（X_i）、财务绩效得分率（Y_i）以及技术经济得分（T_i），将经营实力评价得分和财务绩效评价得分率相乘作为基本分，技术经济指标得分作为附加分，基本分与附加分之和即为综合竞争力得分。其中，在单个指标计分方面，充分考虑了可比性、科学性和客观性。通过数据测算和数理回归，科学测定标准，最终分别形成经营实力层、财务绩效各指标的标准值；科学计量指标得分，采用功效系数法计量单个指标得分情况。

财务绩效测算： 将盈利能力（P_i）得分与经营增长（G_i）得分相加作为收益因子，合计占 56% 权重；将资产质量（A_i）和债务风险（R_i）得分相加作为风险因子，合计占 44% 权重；以各自权重为指数将收益因子和风险因子得分率相乘，作为企业财务绩效得分（乘法分）。

$$Y_i = [(P_i \times 0.34 + G_i \times 0.22) \div 0.56]^{0.56} \times$$

$$[(A_i \times 0.22 + R_i \times 0.22) \div 0.44]^{0.44}$$

经营实力测算：将资产总额（A_1）、权益（A_2）、员工人数（A_3）、营业收入（A_4）、EBITDA（A_5）作为五大因子各占 20% 权重；以各自权重为五大因子得分率相乘，作为企业经营实力得分（乘法分）。

$$X_i = \prod_{m=1}^{5} A_{im}^{0.2} \times 100\%$$

技术经济测算： 本报告选取综合线损率（%）、清洁能源占比（%）和单位资产售电量（kW·h/美元）3 项技术经济指标。将综合线损率（C_i）、清洁能源占比（R_i）、单位资产售电量（S_i）按降序的方式分别排序，并利用其排序计算其各自指标得分，最后对指标进行加权算数平均，作为企业技术经济得分（排序分）。

$$T_i = \frac{C_i + R_i + S_i}{3} \times 100\%$$

3.5.2　财务绩效分析

在 15 家企业中，美国南方电力（74.88）、美国杜克能源（69.43）和 Iberdrola（68.02）财务绩效得分列前三位；南方电网（65.85）列第五位；国家电网（64.75）列第八位，恰处于 15 家电力供应企业中位数；15 家大型企业本年度财务绩效水平略低于行业总体水平（平均分和中位数均为 67.52 和 68.93）。15 家电力供应企业财务绩效评价结果见表 3-10，其中，乘法分排序见图 3-24。

表 3-10　　　　　　　15 家电力供应企业财务绩效评价结果

公司	盈利能力	资产质量	债务风险	经营增长	加法分	乘法分
美国南方电力	100.00	54.49	66.53	70.81	76.20	74.88
美国杜克能源	67.78	61.80	59.12	92.27	69.95	69.43
Iberdrola 公司	67.60	66.15	61.27	77.82	68.14	68.02

续表

公司	盈利能力	资产质量	债务风险	经营增长	加法分	乘法分
关西电力	53.72	89.31	73.00	63.12	67.86	66.86
南方电网	42.89	100.00	56.50	80.08	66.63	65.85
Excelon 公司	63.58	68.23	67.56	64.49	65.68	65.65
法国电力	63.78	44.59	66.81	87.79	65.51	64.91
国家电网	41.95	100.00	73.36	66.23	66.97	64.75
中部电力	50.32	92.54	58.57	63.88	64.41	63.66
意昂集团	57.59	56.08	36.31	85.91	58.81	57.70
意大利国家电力	55.57	67.51	52.27	54.27	57.18	57.13
葡萄牙能源	54.26	61.34	60.45	45.79	55.31	55.10
东京电力	39.73	78.50	45.91	43.80	50.51	49.47
韩国电力	34.81	71.65	53.93	48.95	50.23	49.03
德国巴符能源	54.39	51.67	39.39	42.81	47.95	47.90
中位数	54.39	67.51	59.12	64.49	65.51	64.75

注　按照财务绩效得分（乘法得分）排序。

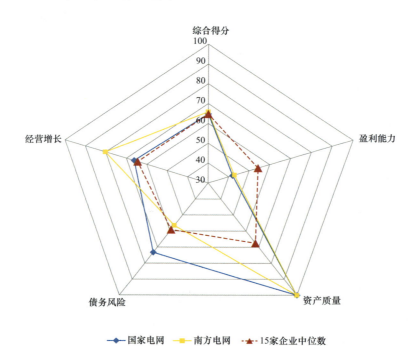

图 3-24　国家电网和南方电网财务绩效评价得分雷达图

从盈利能力指标得分看，美国南方电力得满分，美国杜克能源（67.78）和 Iberdrola（67.60）列第二、三位；南方电网（42.89）和国家电网（41.95）列第十二、十三位，均低于 15 家企业中位数（54.39）；15 家大型企业盈利能力指标得分显著低于行业总体水平（平均分和中位数分别为68.04 和 68.20）。

从资产质量指标得分看，国家电网和南方电网均得满分，日本中部电力（92.54）列第三位，另有 5 家企业得分低于 60；15 家大型企业（中位数67.51）资产质量指标得分略低于行业总体水平（平均分和中位数分别为 69.10和 69.87）。从具体指标看，国家电网和南方电网的全部指标均明显高于 15 家企业中位数，两家中国企业资产周转效率较高。

从债务风险指标得分看，国家电网（73.36）、日本关西电力（73.00）和Excelon（67.56）列前三位；南方电网（56.50）列第十位，低于 15 家企业中位数（59.12）；15 家大型企业债务风险指标得分明显低于行业总体水平（平均分和中位数分别为 67.43 和 69.01）。

从经营增长指标得分看，美国杜克能源（92.27）、法国电力（87.79）和意昂集团（85.91）列前三位；南方电网（80.08）列第四位；国家电网（66.23）列第七位，高于 15 家企业中位数（64.49）；15 家大型企业经营增长指标得分略低于行业总体水平（平均分和中位数分别为 68.06 和65.99）。

3.5.3 经营实力分析

截至 2019 财年末，15 家企业资产总额合计 24 149.97 亿美元，所有者权益合计 7553.00 亿美元，公司市值合计 7625.11 亿美元，营业收入合计 10 043.02亿美元，EBITDA 合计 1992.87 亿美元，员工人数合计 180.85 万人，具体指标如表 3 - 11 所示。

表 3 - 11　　　　　　　　15 家电力供应企业经营实力指标

公司	资产总额 （亿美元）	权益 （亿美元）	市值 （亿美元）	员工人数 （人）	营业收入 （亿美元）	EBITDA （亿美元）	得分
国家电网	5968.48	2605.02	2462.89	907 677	3815.21	631.27	100.00
法国电力	3405.01	626.36	345.94	164 727	798.53	192.11	96.78
意大利国家电力	1924.62	526.98	807.09	68 253	899.42	198.23	96.35
南方电网	1340.88	543.44	545.04	283 639	815.49	148.67	94.07
Iberdrola 公司	1373.85	529.86	653.19	35 374	407.99	109.80	90.55
美国杜克能源	1588.38	479.51	668.86	28 649	250.79	108.77	89.78
韩国电力	1711.48	596.68	154.58	47 452	502.76	87.74	88.71
美国南方电力	1187.00	320.50	670.92	27 943	214.19	109.66	88.27
Excelon 公司	1249.77	345.73	443.13	32 713	344.38	103.55	87.76
意昂集团	1106.61	146.91	278.80	78 948	474.66	41.14	85.76
东京电力	1112.39	271.35	68.91	37 892	574.10	118.24	84.72
关西电力	708.18	152.73	103.92	31 850	292.89	48.11	82.74
中部电力	511.72	182.52	107.28	28 448	282.01	29.04	82.41
葡萄牙能源	475.60	141.82	160.98	11 660	160.49	40.41	81.75
德国巴符能源	486.00	83.59	153.57	23 293	210.11	26.14	81.69
合计/中位数	24 149.97	7553.00	7625.11	1 808 518	10 043.02	1992.87	88.27

注　1. 按照经营实力得分排序。

　　2. 资产总额、权益、市值和员工人数为 2019 财年末数据，营业收入和 EBITDA 为 2019 财年数据。

　　3. 日本东京电力、日本关西电力和日本中部电力财年截至 2020 年 3 月，其他均为 2019 年 12 月。

　　4. 国家电网和南方电网市值为估值。

3.5.4　技术经济分析

15 家电力供应企业技术经济指标评价结果如表 3 - 12 所示。15 家电力供应企业技术经济指标评价结果显示，德国巴符能源（8.22）、意昂集团（7.33）和 Excelon（6.89）列前三位；南方电网（6.22）和国家电网（5.11）列第六、七位，均优于 15 家企业中位数（4.89）。细分技术经济指标，南方电网（5.80%）

和国家电网（6.25％）综合线损率列第十一、十二位，均低于15家企业中位数（4.71％）；南方电网（50.50％）和国家电网（35.21％）清洁能源占比列第五、七位；南方电网（8.14kW·h/美元）和国家电网（7.61kW·h/美元）单位资产售电量列第一、二位，均明显高于中位数（2.06kW·h/美元）；总体上看，南方电网和国家电网均应努力降低综合线损率。

表3-12   15家电力供应企业技术经济指标评价结果

公司	综合线损率		清洁能源占比		单位资产售电量		得分
	指标	得分	指标	得分	指标	得分	
德国巴符能源	1.90%	10.00	53.20%	6.00	3.25	8.67	8.22
意昂集团	4.21%	6.67	94.30%	10.00	2.06	5.33	7.33
Excelon公司	4.71%	5.33	67.15%	8.67	2.30	6.67	6.89
韩国电力	3.54%	9.33	31.65%	2.67	3.08	8.00	6.67
意大利国家电力	5.71%	4.00	54.84%	7.33	2.64	7.33	6.22
南方电网	5.80%	3.33	50.50%	5.33	8.14	10.00	6.22
国家电网	6.25%	2.67	35.21%	3.33	7.61	9.33	5.11
中部电力	4.13%	8.00	7.52%	0.67	2.23	6.00	4.89
关西电力	4.42%	6.00	40.99%	4.67	1.80	4.00	4.89
东京电力	4.10%	8.67	12.37%	1.33	1.96	4.67	4.89
法国电力	6.66%	2.00	90.00%	9.33	1.68	2.00	4.44
美国杜克能源	4.94%	4.67	39.70%	4.00	1.69	2.67	3.78
Iberdrola公司	8.31%	1.33	54.73%	6.67	1.75	3.33	3.78
葡萄牙能源	9.07%	0.67	66.22%	8.00	1.67	1.33	3.33
美国南方电力	4.15%	7.33	26.00%	2.00	1.67	0.67	3.33
中位数	4.71%	5.33	50.50%	5.33	2.06	5.33	4.89

注   1. 单位资产售电量指标单位为kW·h/美元。
    2. 列表按照技术经济指标得分排序。

3.5.5 综合得分分析

2019年度电力供应业世界一流企业综合评价结果见表3-13。该评价结果显示，国家电网（69.86）、美国南方电力（69.43）和南方电网（68.16）列前三位；随后依次是法国电力（67.26）、美国杜克能源（66.11）、Iberdrola 公司（65.38）、Excelon 公司（64.50）、意大利国家电力（61.27）、日本关西电力（60.21）和日本中部电力（57.35），该 10 家企业为 2019 年度世界一流电力供应企业；意昂集团财务绩效得分列第十位，但其综合得分被意大利国家电力（经营实力列第三位）超越，失去上榜机会；韩国电力、葡萄牙能源、德国巴符能源和日本东京电力等 4 家均因财务绩效得分偏低而未能入选。

表 3 - 13　　　　　　　电力供应业世界一流企业综合评价结果

公司	经营实力指标		财务绩效指标		技术经济指标		世界一流企业指数	
	得分	排名	得分	排名	得分	排名	综合得分	排名
国家电网	100.00	1	64.75	8	5.11	7	69.86	1
美国南方电力	88.27	8	74.88	1	3.33	14	69.43	2
南方电网	94.07	4	65.85	5	6.22	5	68.16	3
法国电力	96.78	2	64.91	7	4.44	11	67.26	4
美国杜克能源	89.78	6	69.43	2	3.78	12	66.11	5
Iberdrola 公司	90.55	5	68.02	3	3.78	12	65.38	6
Excelon 公司	87.76	9	65.65	6	6.89	3	64.50	7
意大利国家电力	96.35	3	57.13	11	6.22	5	61.27	8
日本关西电力	82.74	12	66.86	4	4.89	8	60.21	9
日本中部电力	82.41	13	63.66	9	4.89	8	57.35	10
意昂集团	85.76	10	57.70	10	7.33	2	56.81	11
韩国电力	88.71	7	49.03	14	6.67	4	50.16	12
葡萄牙能源	81.75	14	55.10	12	3.33	14	48.37	13
德国巴符能源	81.69	15	47.90	15	8.22	1	47.35	14
东京电力	84.72	11	49.47	13	4.89	8	46.80	15
中位数	88.27	—	64.75	—	4.89		61.27	—

注　列表按照世界一流企业指数排序。

4

500 强看电力企业管理

4.1 杜克能源状态监测运维计划

4.1.1 案例背景

美国电网企业根据可计提收益的资产和运营成本确定电网企业的准许收入，电网企业有效资产的规模是收入的核心。为提升资产质量，杜克能源采用以状态监测为基础的运维模式，从资产收益、风险成本等维度对资产最优的检修策略开展分析管理。

杜克能源借助于传感与监测技术在资产设备智能监控与数据互联共享方面的应用，打造了基于状态监控技术的智能化电力资产管理机制，成为美国第一批实施状态监测（Condition Based Maintenance，CBM）的企业。杜克能源通过对智能设备和电力设备的 24h 不间断自动实时监控，收集状态信息，并基于海量数据信息开展风险收益分析，为制定最优收益的检修策略和检修计划提供基础，在最优成本与风险的基础上提升资产质量，延长设备使用寿命。

4.1.2 主要做法

杜克能源针对不同类资产确定最优运维策略、通过"SmartGen"实现对资产设备的智能监控与数据互联共享、成立专门的资产绩效管理部门支撑状态监控。通过这些举措，杜克能源实现了四项"智能"：

智能监测——利用传感器和外部数据源实现资产状态、运行效果、外部环境、使用情况的全面监控；

智能控制——利用嵌入式软件（资产云等）实现资产功能的远程自动化控制，并根据操作条件定制操作；

智能优化——利用监控功能支持优化资产操作和使用的算法，提高资产性能，实现实时预测诊断和修复，与网络上的其他资产进行基准测试；

智能自主——结合监测控制和优化实现自我诊断服务、资产自主运作以及与其他资产和系统的自我协调运作。

（一）分类设计最优运维策略

为提升运营管理水平，进行设备维护升级的最优组合，杜克能源开展针对电网资产的维护方案进行风险收益模拟分析，主要的资产设备维护类型包括：

反应型维护（Reactive Maintenance）：指使用设备到出现故障后开展修理，在问题影响到业务时才处理问题，这一维护方式在重大机会成本方面成本过高，此类维护模式主要针对的是资产故障。

预防型维护（Preventive Maintenance）：指以时间为基准（TBM），基于系统规划和调度开展检查与修缮（涂装润滑），传统的预防性维护需要大量的手动操作，获取和分析数据对劳动力和资源成本的要求造成这一维护方式成本也较高，此类维护模式主要针对的是资产缺陷。

预测型维护（Predictive Maintenance）：以状态为基准（CBM），基于实时资产状态监测诊断根本原因，以设备的可用性和可靠性为中心开展维护，此类维护模式主要针对的是资产故障、缺陷和性能下降等。

主动型维护（Proactive Maintenance）：指融合前三种类型开展主动维护，分析全面成本，开展故障根本原因分析。

杜克能源基于翔实资产数据的测算与分析，从成本效益角度开展运维，融入先进技术，通过运维方案模拟寻找修护与预防的最优结合点，制订总成本最优的运维策略。预防性维护即保守型维护，需开展大量预防工作，会造成前期成本较高，而反应性维护一旦出现重大故障，成本直线上升，杜克能源先进技术融入技术成本效益分析，通过方案模拟寻找最优的运维策略。现场阶段由检修部门负责，检修部门根据检修策略制定运维检修计划，根据检修计划或调度中心抢修指令进行实地运维检修。

（二）建立实时监测系统

杜克能源建立了资产监控管理通用系统"SmartGen"对设备进行远程自动

监控，基于"SmartGen"传感系统可获取、生成、存储、整合、可视化管理设备数据（如震动、温度、油量、油电质量）。随后通过 NI Compact RIO 技术平台，将每台电力设备的状态数据 24h 不间断自动传回。在数据信息传回后，基于"SmartGen"还可对整合后的资产数据实现可视化呈现，更直观地反映设备实时状况。并可通过波形分析、监测变化趋势、对比实际设备长期累积数据水平等方法，快速发现故障，识别潜在设备缺陷。

（三）设置专门的资产绩效部门

杜克能源的 CBM 策略从设备监控到执行检修可分解为三个阶段、五个环节，不同环节有相应的组织者/流程管理者。杜克能源成立了专门的资产绩效部门负责全过程状态监控、数据分析和处理并定期出具分析报告。杜克能源通过智能设备和网络将电力设备状态的数据 24h 不间断自动传回，约 90% 的设备状态数据来源于自动监控。同时，杜克能源巡视人员根据定期检验清单与手持设备（iPad）开展定期巡视，并通过手持移动设备将设备状态数据发送至资产绩效管理端，约 10% 的资产状态数据来源于定期巡视。

（四）数据分析与异常处理

资产绩效管理部门负责所有区域的电力资产状态数据收集，绩效小组下还配备各专业小组，根据电力资产的类别进行相关专业领域的数据分析。专业技术人员负责运用多样化的状态监测分析工具（如 OSIsoft PI 服务器、Prism 模型、EtaPRO 热状态监测软件）开展问题筛查，通过检测振动的阶跃变化与趋势，比对警戒水平，启动故障排除/诊断过程。数据信息可以发送到美国电力研究协会（Electric Power Research Institute，EPRI）的资产健康管理系统，通过比较来自多家公司实际设备运行长期积累的数据库中的所有已知故障来识别问题，电力研究协会也会通知杜克能源的技术专家进入 NI Insight CM 数据资源管理器（基于网络的软件，旨在帮助工程师快速定位、检查、分析和报告测量数据）进行全面分析。每个区域的监控与诊断中心 24h 均不间断接收前端数据，当出现异常值时，会将异常告知检修部门。数据会以可视化的波形呈现在警报仪表界面，除实际监测数据外，中心也会使用大量模拟数据为技术人员提供全面的波形分析。

（五）定期出具分析报告

绩效小组定期根据前端获得的电力资产运行数据及分析结果编制分析报告，并将报告发送给相关区域经理供其参考，预防相同类型的事故发生。

4.1.3   管理启示

杜克能源以状态监测为基础的资产管理模式从资产收益、风险成本等维度对最优资产检修策略做出了分析与管理，其可借鉴的管理举措如下：

（一）实施基于状态监测的运维模式

杜克能源实行CBM运维策略，通过对设备进行实时监控并收集设备状态信息，并据此制定正确的检修策略和检修计划，提高资产质量，延长设备使用寿命。同时，在资产状态模式的基础上，对不同类型、不同性质、不同阶段资产运维方案进行模拟分析，制订总成本最优的运维方案，如通过在反应型、预防型、预测型和主动型维护等模式之间进行选择，以达到提高资产质量和降低运维成本的平衡。目前，国内电网企业主要采用的是基于计划的运维模式（TBM），也通过调度部门的监控班实现对所辖范围内资产设备故障和缺陷的监控，能够满足基本的资产管理要求。但新一轮输配电价改革后，有效资产成为核定电网企业准许收入的核心，原来以TBM模式为基础的运维模式已经无法满足电网企业对资产管理的要求，借鉴国外电力公司的运维模式，从以TBM为主的模式转向以CBM模式为主，通过更为精准的实时监控和补充的定期巡视，对资产进行更为精细化管理，将能更好地适应新一轮输配电价核价要求。

（二）建立整合的资产管理平台

杜克能源对电力设备进行远程自动监控，通过"SmartGen"实现电力设备状态信息的获取、整合、分析、可视化管理和模拟分析的全过程闭环管理，并通过技术平台实现对资产设备的智能监控与数据互联共享。这一资产管理模式的实现有赖于系统的纵向一体化部署。然而，目前国内电网企业普遍缺乏整合、集中的资产管理平台，各资产数据散落在各系统应用中，很难形成对资产分析的全面化支持以及对最优运维策略制定的系统化支撑。建立整合资产管理平台，将资产数据进行集中、统一管理与分析，是未来实现资产精细化管理的必要条件。

（三）建立支持 CBM 模式的资产绩效管理部门

杜克能源成立专门的资产绩效管理部门，对所辖范围内的电网设备进行实时监控、分析，并针对各大区出具设备分析报告，作为大区经理制定运维策略的参考依据。未来我国电网企业实施"状态监测、状态检修"运维模式后，可以借鉴杜克能源的做法，设立专门的资产绩效管理部门或将原有调度部门的监控班与运维部门进行整合，扩展其部门职责，对资产状态信息进行收集、分析，并定期为检修部门出具资产分析报告，为其制定检修方案提供依据。

4.2 南苏格兰电力信用风险管理

4.2.1 案例背景

南苏格兰电力（简称 SSE 公司）1998 年由多个电力和电信公司合并组成，目前是英国六大能源公司之一，也是唯一一家业务范围涵盖发电、输电、配电和天然气产销的公司。SSE 公司能源供应的业务范围覆盖英格兰中南部、苏格兰中北部和爱尔兰部分地区，为 821 万家庭和企业提供电力和天然气。SSE 公司于 1991 年 6 月 18 日在伦敦交易所上市，以"提供可靠、可持续的能源"为核心目标，强调"SSE SET"（Safety-Service-Efficiency-Sustainability-Excellence-Teamwork，即安全、服务、效率、可持续、卓越、合作）六项核心价值观。SSE 公司格外关注年度重大风险的管控，运用各种手段监测重大风险的发展情况，制定并发布重大风险解决方案，提升重大风险管控措施设计和运行的有效性。从战略和绩效目标实现的角度，以合作伙伴信用风险管理为具体案例，深入探讨 SSE 公司重大风险管理的先进措施和手段，以期为我国电力企业应对"经济新常态"和电力体制改革带来的经营环境变化提供策略参考。

4.2.2   主要做法

业务合作伙伴信用风险又称为"履约风险"，是指交易对手无法履行给付承诺而给另一方造成损失的可能性。SSE 公司面临的信用风险主要来源于部分供应商的履约能力欠佳以及终端客户应付账款的拖欠。

（一）应用信用评级，有效管理信用额度

为提高信用风险管理水平和评估结果准确度，SSE 公司利用大数据技术，与第三方评级机构合作建立了业务合作伙伴信用评级体系。SSE 公司根据影响评价对象履约能力的风险要素，推导信用评级评估要素，同时利用大数据技术手段，针对信用风险特征评价业务合作伙伴的信用等级，并将评价指标嵌入"综合信用评级系统"中，实现自动化跟踪评价合作伙伴的信用等级。此外，SSE 公司将信用支持条款或双边协议列入合同条款中用以降低交易对手违约带来的损失。

SSE 公司业务合作伙伴信用评级体系包含供应商信用评级数据库与客户信用评级数据库，若一个业务合作伙伴既是 SSE 公司的供应商又是其客户，则系统将通过数据交互提升信用评级的准确度与可靠性。

（1）建立供应商信用评级数据库。

SSE 公司建立供应商信用评级体系，将评价结果纳入供应商信用评级数据库并定期维护，一方面实现择优选择供应商合作伙伴，另一方面提升公司供应链管理水平及信用风险管控能力。

SSE 公司建立供应商评价指标体系时遵循内容全面、科学实用、客观公正、可操作性强及适应性强的基本原则，参照公司选择供应商标准、分析供应商信用评级主要因素，最终将供应商信用评价因素确定为多个方面，细化到二级指标，其中一级指标包括信誉和知名度、质量、交货能力。供应商信用评级体系二级指标中，除表 4-1 所示指标外，质量维度的指标还包括质量改善计划、质量检验和试验情况等；技术包括研发经费投入率、新产品开发能力、装备水平、信息化水平等；交货能力还包括批量遵守率等。

表 4-1　　　　**SSE 公司供应商信用评级体系部分定量指标示例**

一级指标	二级指标	量化公式或定性标准
信誉和知名度	企业规模	资产和销售收入合计总额/同行业企业资产和销售收入的平均合计额
	企业信誉	第三方评级机构给予企业的信誉评价等级
	财务状况	盈利能力、负债能力、资产周转速度等方面的综合体现
质量	质量认证情况	通过 ISO 认证的数目/需要通过认证数目
	产品合格率	采购的产品总量中合格品所占的比率
价格	产品价格	产品的价格/同行业该种产品的平均价格
	产品参数	提供给市场，被使用者使用和消费的特征值
	使用寿命	产品能使用的最长时间
	使用感受度	使用者对产品的使用感受，包括产品安全性、精准度、故障率、操作性
	维护费用	维持产品所耗用的费用
交货能力	时间遵守率	按时交付次数/总交付次数

SSE 公司将指标划分为定性与定量两类并量化计算，构成完整的供应商信用评级指标体系。

SSE 公司对评价供应商的每个定性指标按照不同等级进行评分，评价标准举例如下：

企业信誉方面，供应商信誉的评级结果主要源自第三方评级机构，SSE 公司通过第三方评级机构自动索引相关数据，并且根据相关评价标准自行评价未被第三方评级机构覆盖的供应商，企业信誉的评价标准如表 4-2 所示。

表 4 - 2   企 业 信 誉 评 价 表

等 级	得 分	定 性 描 述
优	0.9	第三方评级机构给予企业的信用评级等级极高,品牌声誉极高,用户认可度高,社会责任履行情况极好
良	0.7	第三方评级机构给予企业的信用评价等级高,品牌声誉较高,用户认可度较高,社会责任履行情况较好
中	0.5	第三方评级机构给予企业的信用等级较高,品牌声誉良好,用户认可度良好,社会责任履行情况良好
差	0.3	第三方评级机构给予企业的信用评级等级低,品牌声誉差,用户认可度不高,社会责任履行情况不佳

财务状况方面, SSE 公司认为,反映供应商财务状况的指标应重点考虑企业的偿债能力与资金链安全情况,并且还要评价供应商是否有足够的持续盈利能力和经营可持续性,SSE 公司主要从融资渠道、投资人情况、近 3 年平均营业收入情况三方面对供应商企业进行财务评价,并根据供应商同行业平均水平进行判定。财务状况评价标准如表 4 - 3 所示。

表 4 - 3   财 务 状 况 评 价 表

等 级	得 分	定 性 描 述
优	0.9	投资人资金实力雄厚,外部融资渠道畅通,银行授信额度高,近 3 年平均营业收入处于行业上等水平
良	0.7	投资人资金实力较强,外部融资渠道畅通,银行授信额度较高,近 3 年平均营业收入处于行业中上等水平
中	0.5	投资人资金实力良好,外部融资渠道畅通,银行授信额度良好,近 3 年平均营业收入处于行业中等水平
差	0.3	投资人资金实力较差,外部融资渠道不畅,银行授信额度较低,近 3 年平均营业收入处于行业中下等水平

使用感受度方面, SSE 公司采购部门定期向产品使用部门发送调查问卷,从产品操作便捷性、配置有效性、维护便利性、产品质量、发生异常状况频率、售后服务等角度评价产品的使用感受度,为供应商信用评级提供依据。使

用感受度评价标准如表 4 - 4 所示。

表 4 - 4 使用感受度评价表

等 级	得 分	定 性 描 述
优	0.9	使用部门及用户给与高度评价，在使用过程中未发生过无法正常使用、售后不解决等情况
良	0.7	使用部门及用户认为产品质量尚可，操作较为便捷，配置较高，能够满足使用需求，偶尔发生无法正常使用的情况
中	0.5	使用部门及用户对产品评价一般，产品操作较为困难，配置有待提高，产品的异常状况发生率偏高，售后服务反馈时间较长
差	0.3	使用部门及用户给出差评，产品操作极为困难，经常发生异常状况，售后服务无法解决问题或态度极差

SSE 公司的供应商信用评级体系，不仅对产品进行全寿命周期、多维度评级，包括从购买、供货、使用、维护到报废的全过程评价，以及价格、参数、使用寿命、使用感受度、维护费用等多维度的评价；更从供应商企业运营情况、员工素质、技术水平等层次进行评价，确保对供应商信用风险的事前控制。

(2) 建立客户信用评级数据库。

SSE 公司与第三方评级机构和征信机构紧密合作，在客户信用评级数据库下分别建立企业客户信用评级数据库及个人客户信用评级数据库。

构建企业客户信用评级数据库。为加强企业客户信用风险控制，降低应收账款风险，SSE 公司建立适合自身特点的企业客户信用评级体系。SSE 公司通过与第三方评级机构标准普尔合作，开展数据收集工作。标准普尔采用矩阵式评级框架（如图 4 - 1 所示），通过国家风险和行业风险矩阵确定受评对象的经营环境评分；通过行业地位和盈利能力确定受评对象的竞争力水平评分；然后，用矩阵（经营环境和竞争力水平）得到运营风险评分；最后，通过"财务风险 - 运营风险"矩阵计算并经定性因素调整得到初始评级。每个一级指标中包含财务等各类型指标，并根据具体情况在1～7分区间内进行赋分，最后加权得到企业客户信用等级。

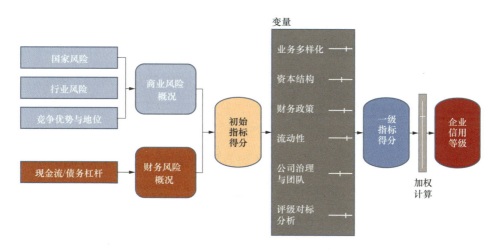

图4-1 标准普尔评级框架

SSE公司通过标准普尔提供的数据接口，自动获取企业客户的评级情况和其他信用数据（包括贷款情况、是否存在逾期、合同恶意违约、诉讼、其他不守信用行为等），结合该客户的特征（所在行业、资产状况、经营收入和利润等），通过逻辑回归、决策树、随机森林等模型算法，对客户的信用进行评价，评级模型如图4-2所示。与此同时，SSE公司也将公司所服务的企业客户的用电和欠费信息反馈给第三方评级机构，通过双方的数据交互，进一步提升企业客户信用评级的完整性及有效性。

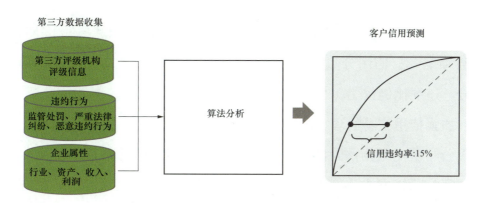

图4-2 SSE公司企业客户信用评级模型

构建**个人客户信用评级数据库**。对于个人客户而言，SSE 公司与第三方征信机构益博睿（Experian）合作获取个人客户的信用情况。以 FICO 模型为基础，益博睿建立个人客户信用模型（Experian FIR 模型），依据客户的各类消费及行为数据，结合传统金融信贷信息，运用云计算及机器学习等技术，对各维度数据进行综合处理和评估，呈现个人信用状况的综合分值，并推测该客户未来的信用情况变化及违约概率，Experian FIR 模型评级要素如图4-3所示。

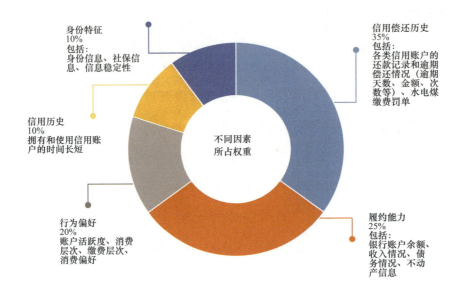

图 4-3　Experian FIR 模型评级要素

个人客户信用分值的区间为 300～850 分，当 FICO 分低于 600 分时，贷款违约比例为 1∶8；信用分数在 700～800 分时，违约比例为 1∶123；信用分大于 800 分，违约比例仅为 1∶1292。

（3）加强信用交易管理。

SSE 公司量化测算不同信用等级合作伙伴的信用交易额度，确定供应商预付方式与客户赊销方式及额度，并据此做出相应的授信决策。SSE 公司不仅考虑单个合作伙伴的信用总额度和额度使用情况，也对公司总体授信情况进行管控。例如，公司财税委员会规定针对能源商业客户总授信额度不得超过公司上年能源销售收入的 2.5%，单个能源商业客户的授信额度不得超过其上一年度能源账单总额的 20%。对信用等级不足但仍需发生业务的高风险业务合作伙伴，测算暴露的风险敞口，要求其进行一定的资产抵押或质押。

（二）购买违约保险，合理转移信用风险

SSE 公司通过与第三方金融机构合作探索新型保险险种——违约保险或信用违约互换（CDS），来转移业务合作伙伴信用风险。违约保险是以被保险人的信用作为保险责任，如果被保险人发生信用违约，则由第三方金融机构承担偿付责任。SSE 公司通过这种途径有效转移信用风险，避免资产损失。

违约保险或信用违约互换（CDS）合约的现金流包含两部分：一部分是固定端的按期保费支付（固定方），另一部分是违约时的索赔支付（浮动方），金融机构综合考虑被保险人违约概率、赔付金额、保费现值等因素计算违约保险定价。

SSE 公司作为违约保险的买方，当与其业务合作伙伴签订交易合同后，SSE 公司寻找第三方金融机构作为承保方，以交易对手的信用作为保险责任，与第三方金融机构签署《信用保险合同》，并按照与业务合作伙伴交易合同金额的一定比例确定保险费，支付给第三方金融机构。如果业务合作伙伴不出现违约事件，则第三方金融机构没有任何资金流出；当业务合作伙伴出现违约时，第三方金融机构有义务将违约损失以现金形式赔付 SSE 公司，SSE 公司将与业务合作伙伴间的债权关系转移给第三方金融机构。SSE 公司通过支付一定的费用，实现对业务合作伙伴信用风险的有效规避。SSE 公司信用违约保险的运作模式如图 4-4 所示。

（三）建立应收全流程管理机制，控制电费拖欠风险

SSE 公司建立了应收账款全流程管理机制，涵盖了应收账款事前、事中、事后的风险管控措施与手段，有效控制了电费拖欠风险。

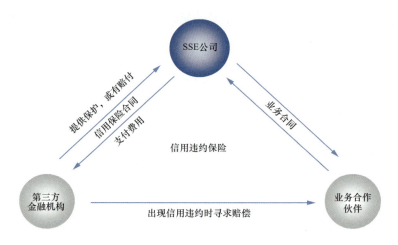

图 4 - 4　SSE 公司信用违约保险的运作模式

（1）应收账款事前管理。

SSE 公司指定财税委员会作为应收账款管理机构，管理应收账款风险。财税委员会制定了以下两个方面的策略对应收账款进行事前管理：一是充分利用公司信用评级数据库进行信用调查和评级，充分了解客户企业的经营状况，针对不同的资金链风险水平给予客户合适的信用额度；二是根据经济环境和市场竞争情况，制定能源费用预存及支付优惠政策，以鼓励客户尽早支付账款。

（2）应收账款事中管理。

SSE 公司建立账龄分析和预警机制，应收账款专职管理人员定期分析应收账款回收情况，对账期即将到期的客户进行重点追踪调查，了解其偿付能力，并通过多种方式通知客户，提醒其欠款额、到期时间和逾期未付的严重影响；风险管理人员、业务部门和财务部门密切配合，保证信息充分沟通和共享，提高应收账款的回收效率。

（3）应收账款事后管控。

SSE 公司建立逾期客户分层管理机制，并通过多种手段催收逾期账款，实现较高的逾期账款回收率。依照风险程度对客户进行分层，通过对高风险客户进行盘点，客观科学地分析客户的偿付能力以及公司可能面对的经济损失，并进一步规划相对应的风险管理举措与策略，具体管理方法如图 4 - 5 所示。

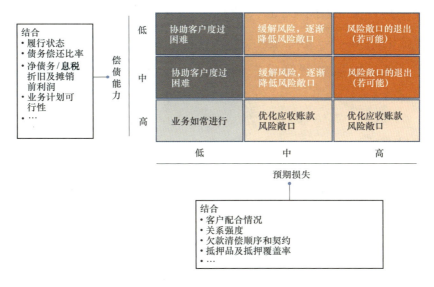

图 4-5   逾期客户风险细分矩阵

SSE 公司针对不同的逾期客户分层制定差异化策略，采取的策略包括改善评级流程、业务/债务/财务重组、增加抵押品和公告等。针对回收困难或逾期时间较长的应收账款，SSE 公司组建专业的清收团队，执行清收策略。困难应收账款的清收工作通过专业团队执行，客户经理担任辅助与提供客户信息的角色。由于客户经理可能不愿破坏客户关系或风险意识不够强，因此对实施预防性举措不够积极主动，这就需要组建独立于业务条线的清收团队来负责实施。同时，公司制定合理的奖惩管理条例，按比例提取回收的长期逾期账款作为奖励基金，以激励各相关人员加大欠款回收力度。

（四）设立困难用户基金，提升企业社会责任形象

为保障经济困难个人客户的基本能源使用，SSE 公司设立了困难用户基金。当客户提出申请后，SSE 公司开展资料审核，配合以实地调查，以确定申请客户的家庭状况和实际付款能力，并通过个人客户信用评级数据库确定客户信用水平。在确定申请者家庭条件和信用水平均符合规定后，SSE 公司对其提供的保障：一是对其放开一定信用额度，对能源费用总额提供折扣；二是允许申请者在一定时期内欠费用能，但申请者须在该期限过期后将能源

费足额上缴，其补交费用情况也会被计入个人客户信用评级数据库中。成立困难用户基金的目的，一是承担企业社会责任，保障生活困难客户使用能源的基本权利；二是加强欠费管控，使得能源欠费发生在经过批准的、可控制的范围内。

4.2.3 建议启示

针对我国电网企业信用评级体系建设，借鉴 SSE 公司的做法，完善客户信用评级体系，在现有大企业客户信用信息评价体系的基础上，加强对信用数据的采集与评估，增加信用数据的来源，逐步实现双向流动。一是推进银企征信系统建设，逐步将大中型企业的电费欠缴行为纳入社会信用体系；二是建立数据反馈平台并线下试运行，将企业的欠费行为定期反馈至人民银行征信系统，使恶意欠费单位无法正常获得银行融资，增加其违约成本；三是建立企业社会信用信息的下行渠道，主动从人民银行征信中心获取客户信用信息，逐步补充完善企业客户信用评价体系，并将信用评级结果应用至客户的电费账期、预存额度管理等方面，对于信用优良客户给予一定的优惠条件。

4.3 Exelon 公司多维资产管理体系

4.3.1 案例背景

电力行业属于资产密集型行业，固定资产所占的比重非常大，是资产总额中的重要组成部分。Exelon 公司的资产总额为 1167 亿美元，固定资产达 742.02 亿美元，占比高达 63.55%，始终将资产管理作为企业管理的重中之重。Exelon 公司拥有一套以资产管理综合信息平台为核心的多维资产管理体系，该体系不仅助力公司强化内部资源管理、实现资源优化配置，而且为其减轻了运维成本，提升了整体资源收益率，从而在美国电力行业长盛不衰。

4.3.2　主要做法

　　Exelon 公司为确保对资产的严格管理，结合自身实际情况，打造了一套以资产管理综合信息平台为核心，以资产管理制度、管理人员职责、资产管理流程、资产管理策略、资产管理技术以及绩效考核六大要素为支撑的全新多维资产管理体系，见图 4 - 6。

图 4 - 6　Exelon 公司多维资产管理体系

　　一是建立资产管理制度。Exelon 公司对资产管理工作进行了统筹规划，制定了完善的资产管理规章制度。

　　二是明确管理人员职责。Exelon 公司的资产管理工作由财务部牵头完成，其他相关部门应积极配合资产管理基础数据采集、资产状态监控、设备采购及维修等工作。

　　三是理顺资产管理流程。Exelon 公司对资产进行"规划设计—设备采购—工程建设—生产运营—退役报废"的全生命周期调查分析，并对关键流程对应的资产管理细节进行梳理，最终形成了符合公司资产管理实际情况的业务规范流程。

　　四是重视资产管理技术。在资产管理的数据采集层面，Exelon 公司大胆运用物联网技术，利用传感器、射频识别（RFID）、全球定位系统以及无人机等技术手段精准采集资产的运行情况，并通过无线传输技术手段将数据传输回资产管理信息化平台。

五是搭建资产管理综合信息平台。为每一项资产建立了电子档案，实现对资产全生命周期跟踪监测。

六是加强绩效考核激励，定期对资产管理工作进行绩效考核。

（一）长期资产预防性维护策略

电力行业是典型的资产密集型行业，其中发电设备、电网等核心资产具有高价值、不可替代等特点，众多高价值资产如核电设施、电网等，一旦资产未得到妥善管理，不仅修复耗时耗力，而且会产生难以预估的经济损失，甚至社会损失。因此 Exelon 公司特别重视对核心资产的维护管理。Exelon 公司认为，电力公司应当重视一直存在的"重前端规划采购，轻后端运营维护"问题，因此将**长期资产预防性维护**作为资产管理中的重要策略。

关键电网资产的多维度跟踪监测。Exelon 公司强化了对关键资产的实时监控和管理，通过关键点监测、人工监测、自动监测和安全监测等监控手段，将收集的数据、运行状态等录入信息资产管理综合信息平台进行整合分析，利用全景视图对数据和分析结论进行管理，最终达到对关键资产的跟踪监测。关键资产多维度跟踪监测手段如图 4-7 所示。

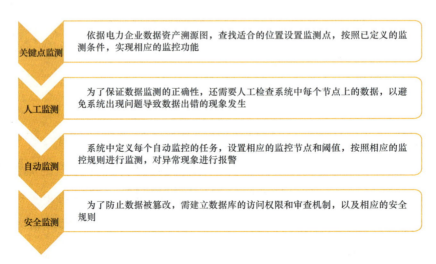

图 4-7　关键资产多维度跟踪监测手段

长期资产预防性维护计划及流程优化。Exelon 公司邀请资产管理领域专家、学者、优秀员工、管理人员等将电力设备的基础数据、维修信息和生产设备相结合，并根据专家的历史经验，制定了符合实际情况的预防性维护计划及分级审批流程。此外，针对计划以外的异常情况，Exelon 公司成立了"技术专家委员会"，用以解决预防性维护计划以外的突发情况。

预防性维护计划在 Exelon 公司成功施行，并取得了显著成效。2017 年 4 月 13 日，Exelon 公司依据预防性维护策略的指示，替换拜伦发电站的变压器，该项举措大幅度提高了 Exelon 公司的发电效能，大幅降低运营成本。因此，电力企业的资产维护在资产管理中占有十分重要的地位，而其中预防性维护更是实现设备高效运行、保证企业健康运转、实现企业利润最大化的关键之举。

（二）物联网技术应用于资产管理

Exelon 公司始终致力于向信息化、智能化方向创新发展，密切关注现代科技的发展动态。在资产管理方面，Exelon 公司尝试用物联网技术对资产进行动态追踪，并与资产管理综合信息平台进行无缝连接，促进了资产管理效率的极大提升。

一是 Exelon 公司为每一项电力设施资产黏附了 RFID 标签，同时在资产信息化管理平台上建立了对应的电子档案。其次，Exelon 公司利用物联网技术在常规机组等基础设施上部署传感监测点，监测设备的具体运行情况，包括各种技术指标与参数，然后利用物联网"智能信息感知末梢"等相关技术，提高设备的在线监测性能水平。

二是 Exelon 公司监测系统以电网基础设施所处的微气象地理区域、地理环境为监测对象，实现对输变电设备的监测、控制和功率预测。

三是 Exelon 公司使用无人机来实时监控地表输变电基础设施，并开发了名为 AeroLabs 的无人机管理系统。该系统能实时处理来自无人机及其传感器的数据，让地面巡查员能够即时访问检查数据分析结果和自动生成的报告，提升了资产维护工作的效率。其监控数据也会传送到资产管理综合信息平台中，提高平台内数据的准确性和实时性。物联网的应用模式如图 4-8 所示。

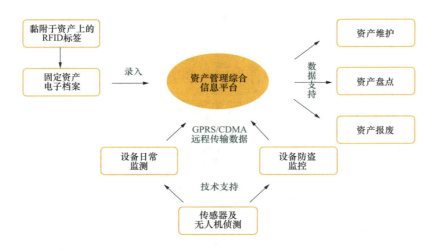

图 4-8　物联网技术与资产管理综合信息平台的结合

四是 Exelon 公司将物联网技术广泛运用于资产的实时防盗监控、运营维护、报废盘点等方面，借助 RFID 技术实现物与物、物与人之间信息的无缝衔接，提升了 Exelon 公司资产管理的技术水平，提高了资产管理的效率和科学性，减轻了资产日常管理的压力，极大提升了行业竞争力。

（三）资产管理绩效评价体系打造

Exelon 公司认为多维资产管理体系得以有效推进并维持长期活力的关键在于建立一套全面资产管理绩效评价体系，以科学地评价其在指定阶段的资产管理工作。为此，目前已经建立起一套内外部相结合的**多维度资产管理绩效评价体系**。

在内部评价维度上，Exelon 公司设置反映资产管理效果的数个财务指标，如存货周转率、存货周转天数及资产收益率等，作为持续评价资产管理绩效的重要一环。除了财务指标层面以外，Exelon 公司在具体执行层面上也建立了自下而上的多层次评价体系。每月末，各部门针对部门资产管理相关人员开展绩效考核工作；每季度末，开展各部门的绩效考核工作，并进行部门间的相互评比。

在外部评价维度上，Exelon公司与第三方专业机构建立了长期合作关系，每年定期开展企业资产管理整体绩效评价工作。由高级管理层、风控人员及专业技术人员及第三方机构成员组成联合评审团，针对资产管理体系规划设计科学性、管理策略成效、管理技术运用等层面的表现进行定性分析，并提出改进建议，力求解决绩效考核结果所反映的问题。Exelon公司资产管理绩效评价体系如图4-9所示。

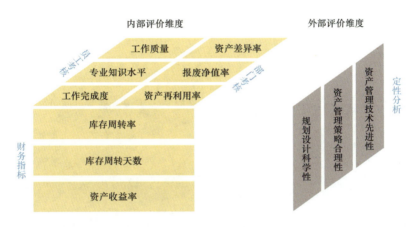

图4-9 Exelon公司资产管理绩效评价体系

通过资产管理绩效评价体系，Exelon公司对资产管理各项工作的效果与效益进行了客观、科学的衡量。根据考核结果，制定了明确的奖惩措施，不断优化资产管理的规划设计、策略制定、技术运用，最终实现资产管理水平的全面提升。

4.3.3 建议启示

针对我国电力企业资产管理方面管理举措优化，主要有如下启示：

一是优化长期资产预防性维护管理策略。制定长期资产预防性维护制度，对关键资产实施多维度跟踪监控，不断丰富对资产状态的评估方式。

二是运用物联网技术提升资产管理水平。对全员进行创新管理理念培育与技术培训，提升公司资产管理的科技配置，借鉴 Exelon 公司全面布局内置传感监测点网络的做法，运用"智能信息感知末梢"等信息技术，提高对资产设备的监控能力。建设资产管理综合信息平台，加强大数据分析在资产管理上的应用。

三是建立资产管理绩效评价体系。建立资产管理绩效联合评价机制，打造科学的资产管理绩效评价模型，探索针对定性评价因素的科学评价方法。

5

500 强看未来

5.1 500 强企业面临的挑战

新冠肺炎疫情成为全球经济下滑的加速器，对 2020 年上半年经济活动的负面影响比预期的更为严重，世界银行预计 2020 年发达经济体的经济活动将萎缩 7%，发展中经济体与新兴市场将收缩 2.5%，2020 年全球 GDP 增长率为 -4.9%。这些变化将对企业的投入产出造成巨大影响，并预计经济复苏将比之前预测得更为缓慢。

世界 500 强经营状况与世界经济增长趋势呈现出高度相似性，疫情发展对世界经济的冲击将直接影响世界 500 强企业收入增长率与入榜门槛值变化，世界 500 强收入占世界 GDP 的比重一直维持在 40% 左右，根据世界银行对全球 GDP 增长的预测，按照与 GDP 增长率的同比例变动，预计 2021 年度世界 500 强收入大约在 31.7 万亿美元。同时，全球 GDP 增长率和入围门槛增长率变化趋势也具有较高一致性，预计 2021 年度 500 强入围门槛增长率同样将降低约 5%。

5.2 疫情下的行业发展与 500 强预测分析

全球疫情在 2020 年结束的可能性较小，与病毒共存将成为"新常态"，在疫情大蔓延的背景下，逆全球化的苗头越演越烈，出现大规模企业停工、贸易暂停、边境封闭现象，部分行业受挫严重；与此同时，疫情期间催生了线上交易与服务等商业新模式的发展。疫情带给不同行业的有挑战也有机遇。对于交通运输、汽车制造业而言，人口流动规模的集聚降低，使之遭受重挫，而与人日常生活息息相关的行业借势互联网的发展，在疫情期间通过商业模式创新表现出逆势上涨态势。从而，受疫情影响不同行业企业在世界 500 强榜单上的表现也将各异。

5.2.1   航空行业

自新冠疫情暴发以来，航空业成为受到冲击最大的行业之一。2020年2月之后，随着疫情防控举措的升级，中国国内航空运输量骤减，带动亚太地区航班数量减少。3月之后，全球航空运输陷入瘫痪状态，大多数国家采取了出入境人流管控措施，仅允许少量特殊航班起降，全球各地区境内航班成为航空业度过艰难阶段的重要支撑。国际航空运输协会发布数据显示，2020年4月全球航班数量仅为1月1日的20%，航空货运需求创有史以来最大跌幅。据国际航空运输协会（IATA）预测，考虑疫情因素，以及航空旅客并不会在疫情受到控制之后的第一时间恢复航空旅行，全球客运量恢复到危机前水平的时间将不早于2024年。

中美是全球境内航空的中坚力量。2019年境内航空运输中，美国和中国无论在旅客数量上还是收入上，合计占比均超过50%（如图5-1、图5-2所示）。在运送旅客数量上，美国的境内航班运送旅客数量占全球的27%，中国占24%（如图5-2所示）。中国自2020年2月中下旬疫情防控逐渐稳固之后，境内航班数量缓慢恢复，到4月已经恢复到正常水平的40%，乐观预计，下半年国内航班可恢复到80%或更高水平。相比较而言，由于美国并未采取严格的举措限制人口流动，其航空业务萎缩程度相对较小，直到4月上旬仍然有40%的航班在执行飞行计划。受疫情影响，中美两大航空市场主阵地均受重挫。

2020年7月国际航空运输协会（IATA）发布的报告显示（见表5-1），全球航空公司股价同比下降48.3%，较年初下降51.5%，从资本市场表现看航空业成为受到疫情冲击最大的行业。除股价外，业务的萎缩和收入的锐减使全球航空公司现金流面临巨大压力，部分国际航空公司可持续经营能力受到挑战，如澳洲维珍航空公司已经进入了自愿托管的状态，并将在未来18个月内启动资本重组计划。美国航空业与美国财政部达成初步协议，每家航空公司都获得了数十亿美元的援助。

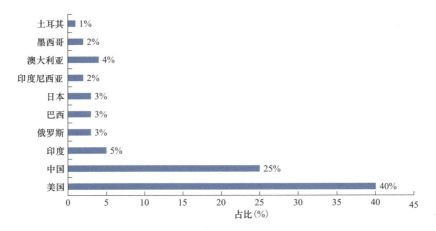

图 5 - 1   2020 年度全球境内航空市场占比比较（航空收入口径）

数据来源：国际航空运输协会（IATA）

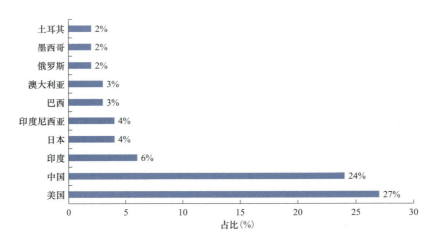

图 5 - 2   2020 年度全球境内航空市场占比比较（旅客数量口径）

数据来源：国际航空运输协会（IATA）

表 5 - 1 　　　　　　　　**2020 年 7 月全球航空公司股价变化情况**

美元指数 （以 2014 年 1 月＝100 为基数）	2020 年 7 月指数	百分比变化	
		较 2019 年同期	较年初
全球航空公司股价	**65.6**	**－48.3%**	**－51.5%**
亚太航空公司	61.7	－42.8%	－43.9%
欧洲航空公司	57.6	－30.7%	－49.1%
北美航空公司	76.1	－55.3%	－54.7%

资料来源：国际航空运输协会（IATA）。

往年进入世界 500 强榜单的航空企业大约在 6 家（如表 5 - 2 所示）。国际航空运输协会（IATA）预测，2020 年全球航空公司收入将同比下降 50％，这意味着 2020 年度航空业排名第一的达美航空在 2021 年的收入将仅为 235 亿美元。考虑 500 强入围门槛变动与世界 GDP 增长率变化趋势的一致性，并根据世界银行对 2021 年 GDP 增长率的预测值，预计在 2021 年，所有 2020 年度上榜航空企业收入均将低于 2021 的预计入围门槛值（241 亿美元），由此推断明年航空业企业将可能全部退榜。

表 5 - 2　　　　　　　　2020 年度航空公司上榜情况　　　　　　　　百万美元

序号	排名	公司名称	营业收入	利润
1	252	达美航空	47 007	4767
2	257	美国航空集团	45 768	1686
3	276	联合航空控股公司	43 259	3009
4	304	汉莎集团	40 768	1358
5	411	法国航空 - 荷兰皇家航空集团	30 432	325
6	446	国际航空集团	28 548	1920

资料来源：根据《财富》网站相关资料整理。

5.2.2　汽车行业

即便在 2008 年汽车工业危机后，底特律三大汽车工业巨头产品线已经相对完善，其在中小尺寸经济型车市场也占据了一定份额，但突如其来的新冠疫情仍然使美国三大汽车厂商受到严重冲击；同时，韩国汽车行业虽具有产业链长、分工高度全球化特点，但在此次疫情冲击下也同样多次出现断供、停产情况。同时，出口受挫导致韩国多条面向出口的整车生产线停产，在海外的主要整车厂的停产也影响了韩国国内汽车零部件出口；日系品牌如本田、尼桑因在武汉市及紧邻的襄阳市拥有工厂，一季度产量受影响最为严重，叠加 3 月中旬欧美等国家相继采取封禁等措施，很多工厂停止了生产活动，日系汽车整体情况同样不容乐观。

汽车市场的不乐观将严重影响电动化和自动驾驶技术发展的脚步，当盈利变得不可能，前瞻技术上的发展就会阶段性降速。比如通用汽车在三月初提及的电动化计划将会受到影响。其他方面，新兴电动车企业特斯拉在第一季度的销量没有受到疫情的影响，但二季度汽车销量同比下降 5%，未来不确定加大。

5.2.3 能源行业

新冠疫情除了带来全球健康危机以外，还对全球能源生产与消费产生重大影响。根据国际能源署（IEA）在 2020 年《全球能源评论》上发布的能源需求数据，截至 2020 年 4 月中旬，处于完全隔离的国家周能源需求平均下降 25%，处于部分隔离状态的国家下降 18%。其中，全球煤炭需求受到的打击最大，受中国等"以煤为主"的能源消费经济体在第一季度受疫情冲击的影响，全球煤炭需求与 2019 年同期相比下降近 8%；受全球运输业务的急剧萎缩影响，石油需求也受到了严重的冲击，2020 年第一季度石油需求同比下降近 5%。天然气需求受影响程度相对较小，第一季度下降约为 2%。电力需求也大幅降低，在部分国家采取封锁措施期间，电力需求已下降了 20% 以上。可再生能源是需求增长的唯一来源，因为可再生能源的产量在很大程度上不受需求的影响，其他能源需求的减少提高了可再生能源在电力供应中的份额。

纵观 2020 全年，IEA 预测电力需求将下降近 5%，石油需求平均每天减少约 9 百万桶，石油消耗将下滑到 2012 年的水平，煤炭需求可能会下降 8%，全年的天然气需求将比第一季度下降得更多。由于对许多电力系统具有优先使用权，可再生能源需求预计将增加，近期新项目产能的增长也将提高产量。从二氧化碳的排放量侧面也能看出疫情对全球能源行业造成的影响，国际能源署（IEA）预计 2020 年全球二氧化碳排放量将出现有史以来最大降幅，降至 10 年前的水平，是 2009 年全球金融危机所致降幅的 6 倍。

除受能源需求量下降的影响外，能源价格的下降也将影响能源行业的经营业绩。2020 年 4 月世界银行在大宗商品市场展望中预计 2020 年能源价格整体将下降越 40%。这也将直接影响能源类企业的收入与利润水平。

综合考虑能源量价双降的影响，能源企业收入水平的综合降幅将会超过 500 强门槛降幅与平均收入降幅，总体上看 2020 年度上榜的 63 家能源企业，在 2021 年度排名将整体下滑，并预计 400 名以外的上榜能源企业将大面积退榜，原先排名前列的能源企业会有一定程度的下降。

5.2.4 零售行业

在疫情发生之前，2019 年零售百货已是标准普尔指数 500 指数中表现最差的板块，疫情加剧了零售业行业发展环境的恶化，但也进一步推进了互联网零售模式的创新，为零售业发展带来了新的机遇。

福瑞斯特研究公司（Forrester）预测，受疫情影响，2020 年全球零售销售额平均下降 9.6%。2020 年全球非杂货线下销售额将下降 20%，预计大量实体零售商 2020 年将出现亏损，在线销售的增长也不足以抵消关闭门店造成的损失。据不完全统计，美国已有十余家大零售商陷入了破产的境地。2020 年 7 月日本零售巨头 MUJI 无印良品美国子公司向美国法院申请破产保护，服装零售商 Brooks Brothers 申请破产，旗下拥有 Ann Taylor、Lane Bryant 等知名品牌的 Ascena 零售集团也传出破产消息。

在互联网蓬勃发展的带动下，电子商务不断成熟，线上销售对线下实体经济产生了重大冲击。在美国，亚马逊等电商企业通过透明优惠的价格、更为便利的购物体验等，不仅吸引了传统零售业的大量消费者，而且还蚕食了整体零售行业的利润，使得线下零售企业的经营日益艰巨。咨询公司 A. T. Kearney 的分析显示，自 2010 年至 2019 年，美国电子商务销售额占零售总额的比例已从约 6% 增长至约 12%。到 2030 年，这一比例将上升至 32%，即占美国零售总额的 1/3。

在我国，2016 年我国制定的《关于推动实体零售创新转型的意见》提出要

"将线下物流、服务、体验等优势与线上商流、资金流、信息流融合，拓展智能化、网络化的全渠道布局。"推动了新零售的飞速发展。2020 年的新冠疫情于无意间助力了这一趋势。疫情发生以来，多数门店纷纷将产品和服务转至线上，尝试线上交易和推广；餐饮企业暂停堂食业务，与外卖平台紧密合作，更有企业与物流公司开展合作，扩大送餐范围。

因此，新冠疫情在冲击线下零售的同时，也为零售业依托互联网与数字化技术转型升级提供新的契机，为零售业新生态、新模式的出现带来更多可能性：根据国家统计局公布截至 2020 年 9 月的数据，全国实物商品网上零售额占社会消费品零售总额的占比为 24.3%，与去年同期相比上升 3.6 个百分点。在疫情发生之后，未来线上线下渠道会更加相辅相成、融为一体，无论是线下体验后线上购买、还是线上体验后线下购买，新零售这一概念将更加落到实处。

面对新冠疫情对零售业带来的机遇与挑战，零售企业能否把握住转型机遇将决定未来的生存能力。世界 500 强的零售行业企业在未来榜单上进退与否，也取决于其在商业模式创新中所获得的竞争能力。

5.3 面向未来的典型企业分析

疫情重创全球经济的同时，也在危机中孕育着新的商业模式。因居家隔离的需要，线上零售、远程办公和线上娱乐需求急剧增加，且这种需求的增加并非短期。麦肯锡全球研究院（MGI）在《快进中国：新冠疫情如何加快五大经济趋势》报告，新冠疫情在以下领域加快数字进程：B2C 互动，尤其以在线渠道为主，例如在疫情高峰期间对中国消费者的一项调查显示约 55% 的受访者在疫情过后会继续通过在险线渠道购买更多生活用品；B2B 行业，疫情期间引入的数字化流程彻底改变行业发展态势，其中远程办公应用的增长最为明显。疫情催生的这些"宅经济"性质的业态发展是不可逆的，亚马逊、字节跳动等深耕相关领域的企业将获得长足发展。

5.3.1   亚马逊

亚马逊发布的 2020 年第三季度财报显示，净销售额为 961 亿美元，较上年同期增长 37%，远超市场预期。亚马逊利润的最大来源——AWS 云计算业务营收 116 亿美元，同比增长 29%。亚马逊第三季度净利润为 63 亿美元，较上年同期增长 197%，这也是亚马逊自成立以来，净利润最高的一个季度。其收入与利润在疫情期间逆势上涨的主要原因在于，网购等支持第三方商家入驻的业务激增。亚马逊近几个月雇用了 17.5 万名员工，并且服务需求猛增，而竞争对手的实体零售商不得不在疫情封锁期间关闭商店。

亚马逊的三季度营业利润达 62 亿美元，同比增长 93.6%。AWS 仍然是最赚钱的"利润牛"，三季度营业利润达 35 亿美元，占比近 6 成。

值得注意的是，亚马逊的国际业务不再亏损。长期以来，亚马逊的国际业务以欧洲、印度和日本为首，长期处在亏钱换市场阶段。财报显示，国际业务的二季度营业利润为 3.45 亿美元，与 2019 年同期的 6 亿亏损相比，终于扭亏为盈。这也是近年来亚马逊首次在国际业务上取得利润，主要是国际需求激增推动了盈利能力的提高，疫情改变了人们的购物习惯，一些线下消费转到线上，亚马逊在国际市场的规模效应也逐渐开始显现。在亚马逊发布一季报的时候，客户大量购买的多是口罩、手套、杂货等毛利不算高的商品，但后来消费者购买的种类变多，而且亚马逊卖出的货物比之前预期的还多。

亚马逊预计第四季度销售额为 1120 亿～1210 亿美元，同比增长 28%～38%。亚马逊称，第四季度因疫情而增加的费用将达到 40 亿美元，因此，公司预计第四季度营业利润将在 10 亿～45 亿美元之间，而去年同期营业利润是 39 亿美元。

考虑全球疫情已进入"常态化"，线上消费将成为未来很长一段时间的主流消费方式，亚马逊作为电商巨头成为疫情的受益者非常合乎情理，因为疫情必将加快电商渗透的速度，强迫消费者改变购物方式，最终加速行为模式的转变。

亚马逊还有另一条吃"疫情红利"的业务线，那就是线上办公。疫情加速了中大型企业在云端的部署，利好以 AWS 为首的云计算服务商。

亚马逊在 2020 年度世界 500 强榜单的排名为第 10 名，较 2019 年上升 4 位，目前来看，2021 年度亚马逊有望在榜单上更进一步。

5.3.2　字节跳动

疫情加速了全球产品线上化——"云生活"模式深入人心。居家隔离环境使得公众线上娱乐消费需求增长，长视频平台作为线上娱乐的主要形式之一显著获益，主要长视频应用如爱奇艺、腾讯视频等的用户数、用户活跃度及使用时长均有明显增加。相比于长视频平台，短视频领域表现更为突出，日活跃用户数量提升明显，其中表现最为突出的是字节跳动旗下的音乐创意社交软件——抖音短视频以及其海外版 TikTok，它们通过使用与今日头条相同"算法"的人工智能技术为用户推荐其感兴趣的视频。

字节跳动在国内市场中锁定了游戏、教育、电商三大板块。据悉，在字节跳动内部，今日头条、抖音、游戏、ZERO（教育及新业务）、商业化、电商均为一级业务部门。为了满足用户在抖音上的购物需求，在建立抖音的基础之上，成立了抖音电商部门，字节跳动正努力摆脱第三方依赖，打造自己独立的电商体系。这一次，字节跳动正面出击，分食阿里、京东、拼多多等电商巨头的蛋糕。

疫情期间，抖音和 TikTok 在全球 App Store 和 Google Play 的总下载量突破 20 亿次，创出历史最高纪录。从之前 15 亿次下载量到 20 亿次，抖音和 Tik-Tok 仅用了 5 个月时间。其中，主打国际市场的 TikTok 在一季度的下载量达到 3.15 亿次，创下全球任意一款 App 的单季下载纪录，也刷新了其自身在 2018 年第四季度创下的 2.057 亿次世界纪录，环比大增近 60%。仅 2020 年 2 月，它就实现了 1.13 亿次的下载量。随着下载量大幅增加，TikTok 的收入也随之水涨船高，截至 2020 年 5 月，用户在 TikTok 上的花费约为 4.567 亿美元，而 5 个月前还是 1.75 亿美元。其中，美国尽管以 1.65 亿次下载量排在第三大市场，但却是花钱最多的海外用户群体，给 TikTok 贡献了 8650 万美元收入，在总收入中占比接近 1/5。TikTok 在海外市场成长速度飞快，未来很有可能成为进入世界 500 强榜单中的一匹黑马。

正当字节跳动旗下的 TikTok 发展势头正好之时，部分国外政府采取限制措施。对于字节跳动来说，TikTok 是其千亿美元估值的重要支撑。TikTok 的受挫或将对字节跳动在资本市场的估值、品牌形象乃至主营业务的营收都将造成负面影响。

5.3.3 Zoom

疫情期间，受限于社交隔离，线上视频会议需求激增，Zoom 因此成为最受益的互联网公司之一。受疫情影响，许多企业都推行居家办公，使得远程视频会议的需求暴涨；体育赛事、学校远程授课也纷纷采用这款软件。

2020 年 4 月全球疫情高峰期间，Zoom 平台上每天举行约 3 亿场视频会议；而在 2019 年 12 月，每天的 Zoom 会议总数只有约 1000 万场。根据 Sensor Tower 的数据，Zoom 在第二季度的平均每月活跃用户为 1.48 亿，同比增长 4700%。2020 年 4—6 月，Zoom 的 App Store 下载量达 9400 万，该下载量已超短视频应用软件 TikTok 于 2020 年第二季度创造的 6700 万的下载纪录。截至 2020 年 9 月 2 日，Zoom 市值已经超过了千亿美元，并超过了科技界的巨头 IBM。

Zoom 二季度营业收入为 6.6 亿美元，同比大增 355%，超出市场预期；净利润为 1.9 亿美元，同比大增 3257%。二季度的客户数量较一季度相比增加了 39.5%，相比于其他视频会议产品，Zoom 仍处于行业领先的位置。Zoom 在二季度的爆发式增长主要得益于目前仍有许多企业和学校通过 Zoom 进行远程视频会议和授课。

但值得注意的是，虽然 Zoom 目前实现了 1.86 亿美元的利润，但大量的成本支出也会制约着 Zoom 快速打开其盈利空间。这是作为 SaaS（软件即服务）公司短期内难以避免的一环，因为 SaaS 公司在推广产品、完善优化软件功能时其运营成本一定会增加。同时云视频通信业务也面临着硬件要求不高、行业利润天花板不高的问题。

除了软件，Zoom 第二季度也在拓展硬件设备市场，通过登录亚马逊、谷歌、Facebook 旗下的智能显示屏和自研的设备来拓展使用场景。在发布不同的产品去匹配更多的平台和场景的同时，Zoom 与诸多互联网巨头一样，正在将其业务迈向全球化，目前在全球的数据中心数量已达到 18 个，并计划在班加罗尔开设数据中心，大规模招聘相关的技术和运营人员。

在全球化层面上看，办公领域也吸引到了亚马逊、微软、谷歌等巨头加速布局，未来巨头们将不断加码海外市场来制约 Zoom 的发展。

Zoom 在第二季度做出的成绩十分亮眼，虽然当前云视频会议市场集合了互联网巨头、初创公司等，竞争较为激烈。但总体来看，Zoom 眼下优势更为明显，未来表现值得期待。

5.3.4 腾讯

在疫情影响下，线上娱乐行业天花板正在不断突破，游戏、视频等"云娱乐"带来业绩提升，各个平台的竞争激烈，其中腾讯作为行业领跑者，其平台用户活跃度、用户黏性及付费用户增量显著。

2020 年上半年，腾讯完成收入约 315 亿美元，较 2019 年同期增长 28%；经营利润为 103 亿美元，同比增长 31%。总体来看，腾讯收入和利润均超市场预期，收入连续 6 个季度加速增长，经营状况持续优化，后续增长留有余力。

腾讯业务中表现最为抢眼的是"云娱乐"中的网络游戏。上半年游戏流水大增，手游推动公司超预期增长，递延收入屡创新高。二季度腾讯网络游戏收入 382.88 亿元，同比增长 40.2%，环比增长 2.7%，递延收入增加 45 亿，考虑社交网络收入中的游戏分发收入，手游收入 360 亿元，同比增长 62%，手游收入快速增长是公司业绩超预期的最主要驱动因素。其次，腾讯社交网络收入稳健增长，收入增长来源于腾讯视频及音乐服务订购数增长，扣除并表因素影响，社交网络收入同比增长 18%。

受益于流量增长，腾讯二季度整体广告营收同比增长 13.1%，高毛利率的社交广告占比已达 82%，社交广告高增长也充分说明微信广告生态发展势头较好，随着公域流量成本水涨船高，微信作为社交软件龙头逐步成为私域流量运营的重要平台，同时腾讯也在 2020 年 7 月推出新的广告投放管理平台，商户可更高效地在腾讯所有资源位投放广告。

国际市场方面，在 2019 年的财报中，腾讯特别强调了其在海外市场的成功——"加深了在中国的领导地位，海外业务也取到了重大进展。"其中提到，这有赖其游戏业务的成功。同时，2019 年四季度，海外游戏收入同比增长翻倍，占网游营业收入的 23%。2020 年上半年，同样有赖于全球疫情的爆发，在财报中，腾讯均提及海外市场对游戏收入的贡献。但随着国外政府日趋严格的监管，腾讯在海外市场的拓展受到的阻力也越来越大，近几年腾讯的市场端已从东南亚拓展至欧美市场，产品研发端已从韩国拓展至欧美，同时还上线了属于自己的游戏商店，打通了海外市场的各个链条。海外政府一旦采取更加严格的限制措施，例如，禁止使用的应用由微信延伸至游戏领域，对于腾讯而言，将会有一系列的负面连锁反应，其海外上线的游戏、在国外投资的与游戏相关的公司、宣传发行渠道都会受到严重影响。

2020 年度腾讯在财富世界 500 强的排名为 197 位，较 2019 年度上升 40 位。腾讯二季度递延收入为 948.5 亿元，同比增长 39%，递延收入的增长给其后续业绩留下较大空间，目前来看，腾讯有望在 2021 年度世界 500 强排名中更进一步。

6

结束语

2020 年度《财富》世界 500 强上榜企业总营业收入、总利润、入围门槛同比分别增长 1.9%、−4.3%、2.4%，反映全球经济企稳回升基础并不牢固，企业效益下滑，经济面临下行压力。中国有 133 家企业上榜，连续第 2 年超过美国，中国内地上榜企业 124 家（含香港，华润、招商局、太平保险、联想注册地为香港，计入香港地区上榜企业），上榜数量首次超过美国。内地上榜企业中，中央企业 56 家，地方国有企业 33 家，民营企业 28 家。2020 年度，全球有 20 家电力企业上榜，中国两大电网、五大发电集团全部上榜。

通过分析 500 强榜单企业经营情况，主要发现与启示如下：

一是中国上榜企业产业结构持续优化，在高端装备制造、信息数字技术、生物医药等领域仍需创新发展。 中国上榜企业主要分布于能源资源、建筑施工、房地产、冶金冶炼、金融保险等传统行业，在互联网服务、电子商务等领域也崭露头角。与美国、欧盟、日本等发达经济体相比，在高端制造、信息技术、生物医疗等领域存在差距，还需赶超升级。在面向终端消费者竞争性领域中国上榜企业数量及竞争力与国外相比差距明显。中国作为全球最大的单一市场，伴随经济增长与收入增加，将市场优势转化为竞争优势，具备培育更多世界 500 强企业的潜力与能力。

二是中国上榜企业发展规模与质量稳步提升，但在效率效益方面仍有提升空间。 中国上榜企业在数量与规模上已稳居世界前列，发展质量也稳步提升，但在效率与效益方面，与世界 500 强先进水平相比仍需努力。2020 年度，中国上榜企业人均创收 38 万美元，较美国人均 52 万美元、日本人均 51 万美元、欧洲人均 45 万美元仍存较大差距；平均收入利润率为 5.31%，较 500 强平均水平低 0.89 个百分点，较美国低 3.34 个百分点。中国上榜企业在更高质量、更高效率发展方面提升空间较大，建设具有全球竞争力的世界一流企业任重道远。

三是受新冠疫情、国际贸易保护等影响，预计 2021 年上榜企业结构及排名将发生较大变化。 2020 年新冠肺炎疫情全球蔓延、国际贸易争端加剧，全球经

济萎缩，经济增速下滑，国际原油价格大幅波动，交通运输、服务业等行业受
到巨大冲击，而电子商务、互联网服务、远程在线办公等非接触新兴业务爆发
式增长。受经济扩张政策与油气需求下降影响，出现铁矿石、有色金属、贵金
融、农产品等大宗商品价格大幅上涨而油气价格大幅下跌的非典型态势。预计
2021 年世界 500 强榜单油气行业企业排名将会下降，而互联网服务、电子商
务、信息通信、矿业等行业企业排名将会上升。

附录 1 2020 年度世界 500 强企业排行榜

百万美元

2020 年度排名	2019 年度排名	公司名称	国别	收入	利润
1	1	沃尔玛	美国	523 964	14 881
2	2	中国石化	中国	407 009	6793
3	5	国家电网	中国	383 906	7970
4	4	中国石油	中国	379 130	4443
5	3	壳牌石油公司	荷兰	352 106	15 842
6	6	沙特阿美	沙特阿拉伯	329 784	88 211
7	9	大众公司	德国	282 760	15 542
8	7	英国石油	英国	282 616	4026
9	13	亚马逊	美国	280 522	11 588
10	10	丰田	日本	275 288	19 096
11	8	埃克森美孚	美国	264 938	14 340
12	11	苹果公司	美国	260 174	55 256
13	19	CVS Health 公司	美国	256 776	6634
14	12	伯克希尔 - 哈撒韦	美国	254 616	81 417
15	14	联合健康集团	美国	242 155	13 839
16	17	麦克森公司	美国	231 051	900
17	16	嘉能可	瑞士	215 111	− 404
18	21	中国建筑	中国	205 839	3333
19	15	三星电子	韩国	197 705	18 453
20	18	戴姆勒	德国	193 346	2661
21	29	中国平安	中国	184 280	21 627
22	25	AT&T	美国	181 193	13 903

续表

2020 年度排名	2019 年度排名	公司名称	国别	收入	利润
23	27	美源伯根公司	美国	179 589	855
24	26	工商银行	中国	177 069	45 195
25	20	Total	法国	176 249	11 267
26	23	鸿海精密工业	中国	172 869	3731
27	22	托克集团	新加坡	171 474	872
28	24	EXOR 集团	荷兰	162 754	3417
29	37	Alphabet	美国	161 857	34 343
30	31	中国建设银行	中国	158 884	38 610
31	30	福特汽车	美国	155 900	47
32	229	信诺	美国	153 566	5104
33	35	开市客	美国	152 703	3659
34	46	安盛	法国	148 984	4317
35	36	中国农业银行	中国	147 313	30 701
36	28	雪佛龙	美国	146 516	2924
37	38	嘉德诺	美国	145 534	1363
38	41	摩根大通	美国	142 422	36 431
39	34	本田	日本	137 332	4192
40	32	通用汽车	美国	137 237	6732
41	40	沃博联	美国	136 866	3982
42	33	三菱商事株式会社	日本	135 940	4924
43	44	中国银行	中国	135 091	27 127
44	43	威瑞森电信	美国	131 868	19 265
45	51	中国人寿	中国	131 244	4660
46	45	安联保险集团	德国	130 359	8858
47	60	微软	美国	125 843	39 240
48	72	马拉松原油	美国	124 813	2637
49	61	华为	中国	124 316	9062

续表

2020 年度排名	2019 年度排名	公司名称	国别	收入	利润
50	55	中国中铁	中国	123 324	1535
51	47	克罗格	美国	122 286	1659
52	39	上汽集团	中国	122 071	3706
53	49	房利美	美国	120 304	14 160
54	59	中国铁建	中国	120 302	1359
55	42	俄罗斯天然气	俄罗斯	118 009	18 593
56	53	宝马	德国	116 638	5501
57	50	卢克石油公司	俄罗斯	114 621	9895
58	58	美国银行	美国	113 589	27 430
59	62	家得宝	美国	110 225	11 242
60	52	日本邮政控股公司	日本	109 915	4449
61	54	Phillips 66 公司	美国	109 559	3076
62	64	NTT	日本	109 448	7867
63	75	美国康卡斯特电信	美国	108 942	13 057
64	63	中国海油	中国	108 687	6957
65	56	中国移动	中国	108 527	12 145
66	92	意大利忠利保险公司	意大利	105 921	2988
67	91	法国农业信贷银行	法国	104 972	5422
68	79	Anthem	美国	104 213	4807
69	69	美国富国银行	美国	103 915	19 549
70	71	花旗集团	美国	103 449	19 401
71	57	瓦莱罗能源公司	美国	102 729	2422
72	65	日本伊藤忠商事株式会社	日本	100 522	4611
73	99	汇丰银行	英国	98 673	7383
74	70	西门子	德国	97 937	5835
75	97	太平洋建设集团	中国	97 536	3455
76	86	俄罗斯石油公司	俄罗斯	96 313	10 944

续表

2020 年度排名	2019 年度排名	公司名称	国别	收入	利润
77	48	通用电气公司	美国	95 214	− 4979
78	93	中交建	中国	95 096	1333
79	80	中国华润有限公司	中国	94 758	3572
80	372	英国保诚集团	英国	93 736	783
81	84	戴尔	美国	92 154	4616
82	76	雀巢公司	瑞士	92 107	12 546
83	66	日产	日本	90 863	− 6174
84	94	现代汽车	韩国	90 740	2557
85	—	英国法通保险公司	英国	90 615	2340
86	90	德国电信	德国	90 135	4328
87	89	意大利国家电力	意大利	89 907	2433
88	—	英杰华集团	英国	89 647	3251
89	87	一汽	中国	89 417	2848
90	101	中国邮政	中国	89 347	4441
91	119	正威国际	中国	88 862	1807
92	112	五矿集团	中国	88 357	230
93	85	西班牙国家银行	西班牙	88 257	7292
94	98	软银集团	日本	87 440	− 8844
95	77	博世集团	德国	86 990	1781
96	106	信实工业公司	印度	86 270	5625
97	73	SK	韩国	86 163	616
98	81	家乐福	法国	85 905	1264
99	104	法国巴黎银行	法国	85 058	9148
100	82	东风	中国	84 049	1328
101	96	标致	法国	83 643	3583
102	139	京东	中国	83 505	1764
103	103	TESCO	英国	82 700	1240

续表

2020 年度排名	2019 年度排名	公司名称	国别	收入	利润
104	109	强生	美国	82 059	15 119
105	111	中国南方电网	中国	81 978	1833
106	102	日立	日本	80 639	806
107	181	恒力集团	中国	80 588	2077
108	107	国家能源投资集团	中国	80 498	4264
109	88	中国中化	中国	80 376	473
110	110	法国电力	法国	80 278	5770
111	149	宝武钢铁	中国	79 932	2901
112	121	中国人民保险	中国	79 788	3204
113	83	埃尼石油公司	意大利	79 513	166
114	108	州立农业保险公司	美国	79 395	5593
115	118	永旺	日本	78 930	246
116	123	空中客车公司	荷兰	78 883	− 1524
117	122	塔吉特公司	美国	78 112	3281
118	114	国际商业机器公司	美国	77 147	9431
119	148	雷神技术公司	美国	77 046	5537
120	74	巴西国家石油公司	巴西	76 589	10 151
121	68	波音	美国	76 559	− 636
122	116	索尼	日本	75 972	5355
123	105	引能仕控股株式会社	日本	75 897	− 1729
124	—	荷兰全球保险集团	荷兰	75 344	1387
125	128	房地美	美国	75 125	7214
126	137	中国中信	中国	75 115	3647
127	168	Centene 公司	美国	74 639	1321
128	127	皇家阿霍德德尔海兹集团	荷兰	74 162	1977
129	132	联合包裹速递	美国	74 094	4440
130	125	日本生命保险公司	日本	74 048	1767

2020 年度排名	2019 年度排名	公司名称	国别	收入	利润
131	78	Uniper 公司	德国	73 652	683
132	182	阿里巴巴	中国	73 166	21 450
133	95	墨西哥石油	墨西哥	72 820	− 18 039
134	129	北汽	中国	72 554	747
135	145	慕尼黑再保险	德国	72 537	3049
136	134	中粮集团	中国	72 149	414
137	133	美国劳氏	美国	72 148	4281
138	135	英特尔公司	美国	71 965	21 048
139	238	苏黎世保险集团	瑞士	71 792	4147
140	130	泰国国家石油	泰国	71 502	2994
141	136	美国邮政	美国	71 154	− 8813
142	124	德国邮政敦豪	德国	70 895	2936
143	115	巴斯夫	德国	70 723	9425
144	184	Facebook	美国	70 697	18 485
145	169	中国医药集团	中国	70 690	912
146	120	安赛乐米塔尔	卢森堡	70 615	− 2454
147	177	碧桂园	中国	70 335	5725
148	152	联邦快递	美国	69 693	540
149	142	大都会人寿	美国	69 620	5899
150	170	华特迪士尼公司	美国	69 570	11 054
151	117	印度石油公司	印度	69 246	− 126
152	138	恒大集团	中国	69 127	2501
153	131	松下	日本	68 897	2076
154	140	中国兵器工业集团公司	中国	68 714	1284
155	180	布鲁克菲尔德	加拿大	67 826	2807
156	146	宝洁公司	美国	67 684	3897
157	161	中国电建	中国	67 371	773

续表

2020 年度排名	2019 年度排名	公司名称	国别	收入	利润
158	141	中国电信	中国	67 365	1803
159	126	Engie 集团	法国	67 220	1101
160	154	百事公司	美国	67 161	7314
161	166	三菱日联金融集团	日本	67 135	4858
162	150	交通银行	中国	66 564	11 186
163	151	中国航空工业集团	中国	65 909	578
164	144	中国化工	中国	65 767	− 1251
165	153	第一生命控股	日本	65 434	298
166	179	哈门那公司	美国	64 888	2707
167	156	保德信金融集团	美国	64 807	4186
168	155	ADM 公司	美国	64 656	1379
169	113	Equinor 公司	挪威	64 357	1843
170	353	劳埃德	英国	64 297	3733
171	163	瑞士罗氏公司	瑞士	63 434	13 430
172	157	三井物产株式会社	日本	63 327	3601
173	147	丸红株式会社	日本	62 799	− 1816
174	165	艾伯森公司	美国	62 455	466
175	143	雷诺	法国	62 160	− 158
176	202	绿地控股集团有限公司	中国	61 965	2134
177	162	丰田通商	日本	61 570	1247
178	159	Seven & I 控股公司	日本	60 952	2002
179	172	西斯科公司	美国	60 114	1674
180	187	迪奥公司	法国	60 071	3288
181	418	宏利金融	加拿大	59 969	4222
182	197	洛克希德 - 马丁	美国	59 812	6230
183	210	Alimentation Couche - Tard 公司	加拿大	59 118	1834
184	173	惠普	美国	58 756	3152

续表

2020 年度排名	2019 年度排名	公司名称	国别	收入	利润
185	167	联合利华	英国/荷兰	58 179	6296
186	158	马来西亚国家石油公司	马来西亚	58 027	7975
187	203	中国建材	中国	57 626	− 105
188	178	东京电力公司	日本	57 407	466
189	188	招商银行	中国	57 252	13 443
190	160	印度石油天然气公司	印度	57 171	1538
191	242	保利	中国	57 147	2031
192	174	法国兴业银行	法国	56 852	3635
193	199	中国太平洋保险	中国	55 800	4016
194	171	韩国浦项制铁公司	韩国	55 592	1600
195	206	万喜集团	法国	54 788	3649
196	164	欧尚集团	法国	54 672	− 1638
197	237	腾讯	中国	54 613	13 507
198	186	日本制铁集团	日本	54 465	− 3969
199	248	法国国家人寿保险公司	法国	54 365	1580
200	194	Energy Transfer 公司	美国	54 213	3592
201	176	西班牙电话公司	西班牙	54 197	1278
202	204	高盛	美国	53 922	8466
203	218	摩根士丹利	美国	53 823	9042
204	190	卡特彼勒	美国	53 800	6093
205	192	百威英博	比利时	53 723	9171
206	189	广汽	中国	53 662	565
207	185	LG 电子	韩国	53 464	27
208	254	万科	中国	53 253	5627
209	196	美洲电信	墨西哥	52 323	3518
210	249	物产中大集团	中国	51 954	396
211	225	思科公司	美国	51 904	11 621

续表

2020 年度排名	2019 年度排名	公司名称	国别	收入	利润
212	211	山东能源集团有限公司	中国	51 893	730
213	219	巴西 JBS 公司	巴西	51 859	1539
214	240	拜耳	德国	51 807	4579
215	198	辉瑞制药有限公司	美国	51 750	16 273
216	191	伊塔乌联合银行	巴西	51 728	6875
217	251	中国铝业	中国	51 649	273
218	214	河钢集团	中国	51 345	− 94
219	241	HCA 医疗保健公司	美国	51 336	3505
220	216	上海浦东发展银行	中国	51 313	8507
221	236	印度国家银行	印度	51 091	2788
222	213	中国兴业银行	中国	50 945	9534
223	256	加拿大皇家银行	加拿大	50 863	9678
224	212	联想集团	中国	50 716	665
225	201	诺华公司	瑞士	50 486	11 732
226	224	东京海上日动火灾保险公司	日本	50 270	2389
227	193	韩国电力	韩国	50 257	− 2013
228	217	沃达丰集团	英国	49 960	− 1022
229	227	起亚	韩国	49 894	1567
230	205	德国大陆集团	德国	49 783	− 1371
231	235	美国国际集团	美国	49 746	3348
232	208	德国联邦铁路公司	德国	49 729	747
233	332	瑞士再保险股份有限公司	瑞士	49 314	727
234	277	厦门建发	中国	49 170	667
235	244	招商局集团	中国	49 126	5233
236	354	日本出光兴产株式会社	日本	48 892	− 211
237	209	日本三井住友金融集团	日本	48 880	6474
238	231	住友商事	日本	48 746	1576

续表

2020 年度排名	2019 年度排名	公司名称	国别	收入	利润
239	232	中国民生银行	中国	48 528	7790
240	255	俄罗斯联邦储蓄银行	俄罗斯	48 340	13 060
241	245	日本 KDDI 电信公司	日本	48 171	5884
242	223	法国 BPCE 银行集团	法国	47 911	3391
243	220	吉利	中国	47 886	1232
244	226	圣戈班集团	法国	47 650	1574
245	200	雷普索尔	西班牙	47 544	−4271
246	222	MS&AD	日本	47 537	1316
247	230	电装	日本	47 400	626
248	215	蒂森克虏伯	德国	47 358	−343
249	228	Orange 公司	法国	47 275	3365
250	388	友邦保险	中国	47 242	6648
251	270	美国运通	美国	47 020	6759
252	260	达美航空	美国	47 007	4767
253	289	光大集团	中国	46 957	1990
254	234	西班牙对外银行	西班牙	46 892	3931
255	348	意昂集团	德国	46 861	1753
256	285	默沙东	美国	46 840	9843
257	257	美国航空集团	美国	45 768	1686
258	264	特许通信	美国	45 764	1668
259	253	沃尔沃	瑞典	45 690	3793
260	233	伍尔沃斯集团	澳大利亚	45 524	1925
261	246	必和必拓	澳大利亚	45 139	8306
262	207	Finatis 公司	法国	45 045	−616
263	308	好事达	美国	44 675	4847
264	279	中国远洋海运	中国	44 655	1087
265	263	陕西延长石油	中国	44 564	215

续表

2020年度排名	2019年度排名	公司名称	国别	收入	利润
266	286	中国华能	中国	44 502	187
267	295	多伦多道明银行	加拿大	44 502	8781
268	221	巴西布拉德斯科银行	巴西	44 491	5331
269	259	和硕	中国	44 207	625
270	268	美国纽约人寿保险公司	美国	44 117	1004
271	282	Talanx公司	德国	44 020	1033
272	271	美国全国保险公司	美国	43 982	830
273	281	陕西煤业化工集团	中国	43 798	120
274	272	西班牙ACS集团	西班牙	43 706	1077
275	276	百思买	美国	43 638	1541
276	293	联合航空控股公司	美国	43 259	3009
277	261	韩华集团	韩国	43 258	77
278	278	美国利宝互助保险集团	美国	43 228	1044
279	298	埃森哲	爱尔兰	43 215	4779
280	303	力拓集团	英国	43 165	8 010
281	250	国机集团	中国	43 122	452
282	296	英国葛兰素史克公司	英国	43 073	5927
283	—	陶氏公司	美国	42 951	− 1359
284	291	厦门国贸控股	中国	42 790	42
285	258	丰益国际	新加坡	42 641	1293
286	287	法国布伊格集团	法国	42 543	1325
287	306	泰森食品	美国	42 405	2022
288	269	巴西银行	巴西	42 180	4158
289	288	赛诺菲	法国	42 119	3141
290	262	中国联通	中国	42 052	721
291	239	德意志银行	德国	41 780	− 6033
292	317	TJX公司	美国	41 717	3272

续表

2020 年度排名	2019 年度排名	公司名称	国别	收入	利润
293	274	瑞银	瑞士	41 482	4304
294	267	麦德龙	德国	41 371	− 142
295	318	兖矿集团	中国	41 323	275
296	301	雪松控股	中国	41 277	122
297	247	邦吉公司	美国	41 140	− 1280
298	338	象屿集团	中国	41 135	220
299	—	M&G 公司	英国	41 076	1429
300	300	三菱电机股份有限公司	日本	41 045	2040
301	280	怡和集团	中国	40 922	2838
302	266	采埃孚	德国	40 873	392
303	292	Iberdrola 公司	西班牙	40 783	3813
304	284	汉莎集团	德国	40 768	1358
305	283	中国航空油料集团	中国	40 487	569
306	297	美国教师退休基金会	美国	40 454	2460
307	312	美的	中国	40 440	3505
308	273	山东魏桥创业集团有限公司	中国	40 426	792
309	275	巴拉特石油公司	印度	40 410	431
310	315	意大利联合圣保罗银行	意大利	40 359	4681
311	327	大和房建	日本	40 288	2149
312	304	德国艾德卡公司	德国	39 824	381
313	313	费森尤斯集团	德国	39 632	2108
314	307	甲骨文公司	美国	39 506	11 083
315	299	麦格纳	加拿大	39 431	1765
316	362	国家电投	中国	39 407	180
317	343	通用动力	美国	39 350	3484
318	326	法国国营铁路	法国	39 308	− 897
319	329	迪尔公司	美国	39 258	3253

续表

2020 年度排名	2019 年度排名	公司名称	国别	收入	利润
320	294	马士基集团	丹麦	39 198	− 84
321	392	德国中央合作银行	德国	39 144	1895
322	341	耐克公司	美国	39 117	4029
323	391	前进保险	美国	39 022	3970
324	333	苏宁易购	中国	38 971	1425
325	342	大众超级市场公司	美国	38 463	3005
326	305	巴西联邦储蓄银行	巴西	38 407	5339
327	320	巴克莱	英国	38 337	4178
328	352	长江和记实业	中国	38 166	5084
329	361	青山控股	中国	38 012	826
330	325	乔治威斯顿	加拿大	37 765	182
331	346	Enbridge 公司	加拿大	37 735	4300
332	322	中国航天科工	中国	37 604	1959
333	336	淡水河谷	巴西	37 570	− 1683
334	324	日本明治安田生命保险公司	日本	37 466	1912
335	395	可口可乐公司	美国	37 266	8920
336	314	万通互惠理财	美国	37 253	3701
337	265	塔塔汽车	印度	37 242	− 1703
338	—	菲尼克斯集团控股公司	英国	37 215	109
339	334	日本三菱	日本	37 172	801
340	328	瑞士 ABB 集团	瑞士	37 015	1439
341	330	Tech Data 公司	美国	36 998	375
342	310	荷兰国际集团	荷兰	36 990	4369
343	358	江西铜业集团	中国	36 980	170
344	321	森宝利	英国	36 831	193
345	309	全球燃料服务公司	美国	36 819	179
346	331	加拿大鲍尔集团	加拿大	36 810	874

续表

2020 年度排名	2019 年度排名	公司名称	国别	收入	利润
347	290	霍尼韦尔国际公司	美国	36 709	6143
348	319	康菲石油	美国	36 670	7189
349	350	日本瑞穗金融集团	日本	36 669	4126
350	355	意大利邮政集团	意大利	36 667	1502
351	340	江苏沙钢集团	中国	36 488	718
352	323	中国航天科技	中国	36 209	2628
353	364	中国能建	中国	36 111	395
354	368	阳光龙净	中国	35 909	614
355	400	联合服务汽车协会	美国	35 617	4006
356	349	富士通	日本	35 483	1472
357	360	瑞士信贷	瑞士	35 473	3402
358	398	加拿大丰业银行	加拿大	35 101	6314
359	339	爱信精机	日本	34 810	221
360	316	利安德巴塞尔工业公司	荷兰	34 727	3390
361	359	中国中车	中国	34 704	523
362	363	台积电	中国	34 620	11 452
363	377	损保控股	日本	34 587	1127
364	344	Exelon 公司	美国	34 438	2936
365	356	日本钢铁工程控股	日本	34 305	− 1819
366	382	安达保险	瑞士	34 186	4454
367	441	安徽海螺	中国	33 916	1773
368	416	美国诺斯洛普格拉曼公司	美国	33 841	2248
369	369	金川集团	中国	33 824	298
370	386	中国华电	中国	33 808	310
371	302	路易达孚集团	荷兰	33 786	230
372	387	第一资本金融公司	美国	33 766	5546
373	366	Plains GP Holdings 公司	美国	33 669	331

续表

2020 年度排名	2019 年度排名	公司名称	国别	收入	利润
374	455	国泰金融控股股份有限公司	中国	33 511	2031
375	396	欧莱雅	法国	33 436	4197
376	351	三菱化学	日本	33 418	497
377	365	广达电脑	中国	33 313	516
378	381	艾伯维	美国	33 266	7882
379	384	英美烟草集团	英国	33 021	7279
380	345	佳能	日本	32 961	1148
381	370	中国电子科技集团	中国	32 948	1743
382	379	斯伦贝谢公司	美国	32 917	− 10 137
383	449	StoneX 集团	美国	32 897	85
384	337	Enterprise Products Partners	美国	32 789	4591
385	393	现代摩比斯	韩国	32 649	1966
386	375	中国电子	中国	32 447	138
387	374	普利司通	日本	32 340	2684
388	429	西北互助人寿保险公司	美国	32 294	1268
389	380	3M	美国	32 136	4570
390	357	铃木	日本	32 086	1235
391	378	住友生命保险	日本	32 063	48
392	451	中国太平保险	中国	31 912	586
393	408	雅培	美国	31 904	3687
394	383	CHS 公司	美国	31 901	830
395	403	康帕斯集团	英国	31 736	1416
396	390	仁宝电脑	中国	31 723	225
397	397	CRH 公司	爱尔兰	31 682	2159
398	406	Inditex 公司	西班牙	31 584	4063
399	413	Travelers 公司	美国	31 581	2622
400	389	马自达	日本	31 551	112

续表

2020 年度排名	2019 年度排名	公司名称	国别	收入	利润
401	385	鞍钢	中国	31 469	− 209
402	371	东芝	日本	31 179	− 1054
403	471	富邦金融	中国	31 013	1893
404	427	SAP	德国	30 839	3717
405	440	斯巴鲁	日本	30 758	1404
406	347	冀中能源集团	中国	30 666	− 114
407	—	Coles 集团	澳大利亚	30 601	1026
408	419	美敦力	爱尔兰	30 557	4631
409	394	台湾中油	中国	30 546	1050
410	412	菲尼克斯医药	德国	30 509	6
411	401	法国航空 - 荷兰皇家航空集团	法国	30 432	325
412	407	威立雅环境	法国	30 431	699
413	411	施耐德电气	法国	30 397	2701
414	—	武田药品公司	日本	30 272	407
415	—	法国达飞海运集团	法国	30 254	− 229
416	373	澳洲联邦银行	澳大利亚	29 967	6127
417	436	Medipal 控股公司	日本	29 921	349
418	—	加拿大永明金融集团	加拿大	29 905	2045
419	450	英美资源集团	英国	29 870	3547
420	443	CFE	墨西哥	29 869	2261
421	422	菲利普 - 莫里斯	美国	29 805	7185
422	468	小米集团	中国	29 795	1454
423	—	上海建工集团股份有限公司	中国	29 746	569
424	498	泰康保险	中国	29 502	3212
425	415	Coop	瑞士	29 485	528
426	434	KB 金融	韩国	29 470	2842
427	417	森科能源公司	加拿大	29 385	2185

续表

2020 年度排名	2019 年度排名	公司名称	国别	收入	利润
428	420	关西电力	日本	29 288	1196
429	402	首钢集团	中国	29 274	40
430	497	蒙特利尔银行	加拿大	29 160	4333
431	404	慧与公司	美国	29 135	1049
432	405	英国电信集团	英国	29 097	2203
433	428	法国邮政	法国	29 082	920
434	367	中国兵器装备集团	中国	29 063	988
435	448	海尔智家股份有限公司	中国	29 060	1188
436	414	珠海格力电器	中国	29 024	3575
437	463	CJ 集团	韩国	28 986	229
438	410	波兰国营石油公司	波兰	28 977	1121
439	399	江森自控国际公司	爱尔兰	28 969	5 674
440	311	英国森特理克集团	英国	28 934	− 1305
441	421	艾睿电子	美国	28 917	− 204
442	—	深圳市投资控股	中国	28 855	1594
443	439	新疆广汇	中国	28 711	90
444	—	林德集团	英国	28 677	2285
445	437	住友电工	日本	28 578	669
446	435	国际航空集团	英国	28 548	1920
447	376	GS 加德士	韩国	28 541	388
448	431	Migros 集团	瑞士	28 540	348
449	442	华夏保险	中国	28 494	122
450	470	日本电气公司	日本	28 469	920
451	493	赛峰集团	法国	28 424	2739
452	424	纬创	中国	28 416	220
453	432	达能	法国	28 303	2159
454	453	日本中部电力	日本	28 200	1504

续表

2020 年度排名	2019 年度排名	公司名称	国别	收入	利润
455	—	盛虹控股集团有限公司	中国	27 870	487
456	461	铜陵有色金属集团	中国	27 819	− 65
457	—	维亚康姆 CBS 公司	美国	27 812	3308
458	456	Financière de l'Odet 公司	法国	27 806	136
459	—	山东钢铁集团有限公司	中国	27 755	22
460	489	Dollar General	美国	27 754	1713
461	494	Achmea 公司	荷兰	27 593	537
462	495	Rajesh Exports 公司	印度	27 590	170
463	464	大同煤矿集团	中国	27 557	− 159
464	452	曼福集团	西班牙	27 520	682
465	438	中国大唐	中国	27 464	427
466	486	美国合众银行	美国	27 325	6914
467	426	三星人寿	韩国	27 291	839
468	473	海亮集团	中国	27 209	175
469	425	联合信贷集团	意大利	27 169	3775
470	458	东日本旅客铁道株式会社	日本	27 102	1825
471	423	KOC 集团	土耳其	27 053	774
472	478	米其林	法国	27 013	1960
473	—	上海医药集团股份有限公司	中国	27 005	591
474	467	喜力控股公司	荷兰	26 828	1217
475	—	X5 零售集团	荷兰	26 808	302
476	447	拉法基豪瑞	瑞士	26 589	2235
477	485	中国通用技术	中国	26 559	490
478	—	星巴克公司	美国	26 509	3599
479	446	任仕达公司	荷兰	26 500	678
480	481	阿迪达斯	德国	26 459	2212
481	444	三星 C&T 公司	韩国	26 396	901

续表

2020 年度 排名	2019 年度 排名	公司名称	国别	收入	利润
482	488	Fomento Económico Mexicano 公司	墨西哥	26 319	1075
483	459	奥地利石油天然气	奥地利	26 259	1962
484	445	德科集团	瑞士	26 221	814
485	465	山西焦煤集团	中国	26 179	212
486	484	河南能源化工集团	中国	26 163	− 306
487	—	百时美施贵宝公司	美国	26 145	3439
488	466	诺基亚	芬兰	26 096	8
489	462	潞安集团	中国	26 078	105
490	—	广西投资集团有限公司	中国	26 060	78
491	433	西太平洋银行	澳大利亚	26 001	4772
492	430	西班牙能源	西班牙	25 991	1568
493	—	中核集团	中国	25 975	1105
494	—	US Foods Holding 公司	美国	25 939	385
495	480	亿滋国际	美国	25 868	3870
496	—	中煤集团	中国	25 846	308
497	—	帕卡公司	美国	25 600	2388
498	—	赛默飞世尔科技公司	美国	25 542	3696
499	469	山西阳泉煤业集团	中国	25 491	− 82
500	482	山西晋城无烟煤矿业	中国	25 386	22

资料来源：根据《财富》网站相关资料整理。

附录 2 2020 年度中国上榜企业排行榜

2020 年度排名	2019 年度排名	公司名称	营业收入（百万美元）	利润（百万美元）	资产（百万美元）	股东权益（百万美元）	员工数（万人）
2	2	中国石化	407 009	6793	317 516	107 742	58.26
3	5	国家电网	383 906	7970	596 616	251 478	90.77
4	4	中国石油	379 130	4443	608 086	282 758	134.44
18	21	中国建筑	205 839	3333	294 070	20 234	33.50
21	29	中国平安	184 280	21 627	1 180 489	96 639	37.22
24	26	工商银行	177 069	45 195	4 322 528	384 195	44.51
26	23	鸿海精密工业	172 869	3731	110 790	41 367	75.74
30	31	中国建设银行	158 884	38 610	3 651 645	318 167	37.02
35	36	中国农业银行	147 313	30 701	3 571 542	279 707	46.76
43	44	中国银行	135 091	27 127	3 268 838	265 831	30.94
45	51	中国人寿	131 244	4660	648 393	19 346	18.04
49	61	华为	124 316	9062	123 270	42 366	19.40
50	55	中国中铁	123 324	1535	152 983	14 558	30.24
52	39	上汽	122 071	3706	121 931	35 847	15.18
54	59	中国铁建	120 302	1359	155 598	12 448	36.49
64	63	中国海油	108 687	6957	184 922	81 253	9.21
65	56	中国移动	108 527	12 145	266 190	148 744	45.76
75	97	太平洋建设	97 536	3455	63 695	29 529	45.36
78	93	中交建	95 096	1333	232 053	18 358	19.73
79	80	华润集团	94 758	3572	232 277	32 981	39.65
89	87	一汽	89 417	2848	70 354	27 802	12.96
90	101	中国邮政	89 347	4441	1 518 543	54 604	92.72
91	119	正威国际	88 862	1807	23 171	14 548	1.81
92	112	五矿集团	88 357	230	133 442	9961	19.95
100	82	东风	84 049	1328	71 423	14 289	15.46

续表

2020 年度排名	2019 年度排名	公司名称	营业收入（百万美元）	利润（百万美元）	资产（百万美元）	股东权益（百万美元）	员工数（万人）
102	139	京东	83 505	1764	37 286	11 751	22.77
105	111	南方电网	81 978	1833	134 036	52 948	28.36
107	181	恒力集团	80 588	2077	33 773	5199	9.06
108	107	国家能源集团	80 498	4264	251 272	59 956	33.14
109	88	中国中化	80 376	473	78 799	7622	6.00
111	149	宝武钢铁	79 932	2901	123 777	39 264	19.64
112	121	中国人保	79 788	3204	162 687	26 337	19.90
126	137	中国中信	75 115	3647	1 074 806	52 164	30.43
132	182	阿里巴巴	73 166	21 450	185 027	106 452	11.76
134	129	北汽	72 554	747	71 909	9904	11.43
136	134	中粮集团	72 149	414	85 847	12 500	11.09
145	169	中国医药集团	70 690	912	56 506	10 339	15.56
147	177	碧桂园	70 335	5725	273 792	21 813	10.18
152	138	恒大集团	69 127	2501	316 778	20 917	13.31
154	140	中国兵器	68 714	1284	61 502	16 642	20.44
157	161	中国电建	67 371	773	139 084	11 272	18.04
158	141	中国电信	67 365	1803	129 343	54 126	40.20
162	150	交通银行	66 564	11 186	1 422 054	113 879	8.78
163	151	中国航空工业	65 909	578	144 798	27 769	41.78
164	144	中国化工	65 767	− 1251	121 160	− 1321	14.55
176	202	绿地控股	61 965	2134	164 478	11 327	5.26
187	203	中国建材	57 626	− 105	85 590	5547	20.49
189	188	招商银行	57 252	13 443	1 064 823	87 759	8.47
191	242	保利	57 147	2031	188 479	12 766	10.04
193	199	中国太平洋保险	55 800	4016	219 408	25 615	11.12
197	237	腾讯	54 613	13 507	136 955	62 120	6.29
206	189	广汽	53 662	565	43 838	6472	10.58

续表

2020 年度排名	2019 年度排名	公司名称	营业收入（百万美元）	利润（百万美元）	资产（百万美元）	股东权益（百万美元）	员工数（万人）
208	254	万科	53 253	5627	248 360	26 998	13.15
210	249	物产中大集团	51 954	396	13 399	3613	2.03
212	211	山东能源集团	51 893	730	44 552	10 024	15.35
217	251	中国铝业	51 649	273	93 948	17 381	15.63
218	214	河钢集团	51 345	− 94	66 333	10 242	12.71
220	216	上海浦东银行	51 313	8507	1 006 833	79 436	5.83
222	213	中国兴业银行	50 945	9534	1 025 838	77 718	6.05
224	212	联想集团	50 716	665	32 128	3198	6.30
234	277	厦门建发	49 170	667	49 004	7437	2.67
235	244	招商局集团	49 126	5233	277 918	50 709	15.76
239	232	中国民生银行	48 528	7790	959 249	74 486	5.89
243	220	吉利	47 886	1232	56 805	9466	13.14
250	388	友邦保险	47 242	6648	284 132	57 508	2.30
253	289	光大集团	46 957	1990	748 020	20 775	7.98
264	279	中国远洋海运	44 655	1087	125 906	28 203	11.82
265	263	陕西延长石油	44 564	215	57 549	19 009	12.99
266	286	中国华能	44 502	187	161 663	14 335	13.08
269	259	和硕	44 207	625	19 033	5260	17.30
273	281	陕西煤业化工	43 798	120	78 757	7555	12.08
281	250	国机集团	43 122	452	55 071	9838	14.68
284	291	厦门国贸控股	42 790	42	14 656	1330	1.52
290	262	中国联通	42 052	721	81 001	20 576	24.38
295	318	兖矿集团	41 323	275	45 731	4938	10.12
296	301	雪松控股	41 277	122	16 737	4097	3.10
298	338	象屿集团	41 135	220	20 008	2870	1.16
301	280	怡和集团	40 922	2838	97 028	30 351	46.40
305	283	中国航油油料	40 487	569	9712	3689	1.37

续表

2020 年度排名	2019 年度排名	公司名称	营业收入（百万美元）	利润（百万美元）	资产（百万美元）	股东权益（百万美元）	员工数（万人）
307	312	美的	40 440	3505	43 349	14 596	13.49
308	273	山东魏桥	40 426	792	34 842	10 222	11.11
316	362	国家电投	39 407	180	171 460	15 579	12.30
324	333	苏宁易购	38 971	1425	34 003	12 622	11.77
328	352	长江和记实业	38 166	5084	155 421	61 181	30.00
329	361	青山控股集团	38 012	826	10 122	3120	7.04
332	322	中国航天科工	37 604	1959	50 065	19 982	14.77
343	358	江西铜业集团	36 980	170	22 646	3734	2.53
351	340	江苏沙钢集团	36 488	718	41 506	8486	4.66
352	323	中国航天科技	36 209	2628	68 555	30 302	17.79
353	364	中国能源建设	36 111	395	61 054	5286	12.26
354	368	阳光龙净	35 909	614	60 053	3757	2.64
361	359	中国中车	34 704	523	61 803	10 278	17.63
362	363	台积电	34 620	11 452	75 554	53 835	5.13
367	441	安徽海螺	33 916	1773	31 609	7453	5.60
369	369	金川集团	33 824	298	16 570	5028	2.93
370	386	中国华电	33 808	310	118 038	11 511	9.48
374	455	国泰金融	33 511	2031	335 796	25 746	5.68
377	365	广达电脑	33 313	516	20 505	4525	7.79
381	370	中国电子科技	32 948	1743	57 865	22 500	17.74
386	375	中国电子	32 447	138	47 019	8936	13.86
392	451	中国太平保险	31 912	586	118 439	5323	6.60
396	390	仁宝电脑	31 723	225	12 766	3535	8.17
401	385	鞍钢	31 469	− 209	47 781	7763	12.69
403	471	富邦金融	31 013	1893	285 161	20 276	4.44
406	347	冀中能源集团	30 666	− 114	33 149	2287	10.74
409	394	台湾中油	30 546	1050	26 754	10 210	1.58

续表

2020 年度 排名	2019 年度 排名	公司名称	营业收入 （百万美元）	利润 （百万美元）	资产 （百万美元）	股东权益 （百万美元）	员工数 （万人）
422	468	小米集团	29 795	1454	26 362	11 676	1.82
423	—	上海建工	29 746	569	36 935	4745	4.28
424	498	泰康保险	29 502	3212	134 299	11 657	5.74
429	402	首钢集团	29 274	40	71 543	17 623	9.79
434	367	中国兵装	29 063	988	48 802	10 109	17.63
435	448	海尔	29 060	1188	26 911	6875	9.98
436	414	珠海格力电器	29 024	3575	40 624	15 814	8.88
442	—	深圳市投资控股	28 855	1594	100 422	26 814	6.75
443	439	新疆广汇	28 711	90	39 224	5465	7.74
449	442	华夏保险公司	28 494	122	84 176	3200	50.00
452	424	纬创	28 416	220	11 482	2467	7.03
455	—	盛虹控股	27 870	487	13 562	2809	3.06
456	461	铜陵有色金属	27 819	− 65	12 549	1153	2.29
459	—	山东钢铁集团	27 755	22	51 265	3542	5.13
463	464	大同煤矿集团	27 557	− 159	53 030	7103	15.27
465	438	中国大唐	27 464	427	108 896	15 846	9.57
468	473	海亮集团	27 209	175	8206	2688	2.02
473	—	上海医药集团	27 005	591	19 672	5981	4.78
477	485	中国通用技术	26 559	490	28 310	6488	4.32
485	465	山西焦煤集团	26 179	212	48 744	6166	19.60
486	484	河南能源化工	26 163	− 306	39 364	2404	16.42
489	462	潞安集团	26 078	105	35 870	4928	10.62
490	—	广西投资	26 060	78	70 591	5220	3.06
493	—	中核集团	25 975	1105	119 401	19 333	15.63
496	—	中煤集团	25 846	308	56 841	10 123	12.28
499	469	山西阳泉煤业	25 491	− 82	35 409	3897	10.18
500	482	山西晋城 无烟煤矿业	25 386	22	42 257	6259	12.73

资料来源：根据《财富》网站相关资料整理。

附录 3　2020 年度上榜电力企业主要指标排名情况

2020 年度排序	公司名称	营业收入（百万美元）	净利润（百万美元）	资产总额（百万美元）
3	国家电网	383 906	7970	596 616
87	意大利国家电力	89 907	2433	192 409
105	南方电网	81 978	1833	134 036
108	国家能源集团	80 498	4264	251 272
110	法国电力	80 278	5770	340 406
131	Uniper 公司	73 652	683	49 112
159	Engie 集团	67 220	1101	179 352
188	东京电力	57 407	466	110 649
227	韩国电力	50 257	− 2013	170 888
255	意昂集团	46 861	1753	110 631
266	中国华能	44 502	187	161 663
303	Iberdrola 公司	40 783	3813	137 347
316	国家电投	39 407	180	171 460
364	Exelon 公司	34 438	2936	124 977
370	中国华电	33 808	310	118 038
420	CFE 公司	29 869	2261	115 748
428	关西电力	29 288	1196	70 443
440	森特理克集团	28 934	− 1305	24 045
454	中部电力	28 200	1504	50 901
465	中国大唐	27 464	427	108 896

续表

排序	公司名称	资产负债率	净资产收益率	人均营业收入（万美元/人）
3	国家电网	57.85%	3.17%	42.30
87	意大利国家电力	82.28%	7.14%	131.73
105	南方电网	60.50%	3.46%	28.90
108	国家能投	76.14%	7.11%	24.29
110	法国电力	84.68%	11.06%	49.70
131	Uniper 公司	73.98%	5.34%	627.20
159	Engie 集团	79.29%	2.97%	39.29
188	东京电力	75.41%	1.71%	151.50
227	韩国电力	65.84%	− 3.45%	105.91
255	意昂集团	90.79%	17.20%	59.36
266	中国华能	91.13%	1.30%	34.03
303	Iberdrola 公司	69.21%	9.02%	118.88
316	国家电投	90.91%	1.15%	32.04
364	Exelon 公司	74.22%	9.11%	105.27
370	中国华电	90.25%	2.70%	35.67
420	CFE 公司	71.51%	6.86%	32.96
428	关西电力	80.00%	8.49%	91.96
440	森特理克集团	93.32%	− 81.32%	99.27
454	中部电力	66.14%	8.73%	99.13
465	中国大唐	85.45%	2.69%	28.68

资料来源：根据《财富》网站相关资料整理。

附录 4　主要指标释义及公式

维度	指标	计 算 方 法	备　注
盈利能力	毛利率	毛利率＝营业毛利/营业收入×100%	
	净资产收益率	净资产收益率＝公司税后利润/平均净资产×100%	
	EBITDA/总资产	EBITDA/总资产＝EBITDA/总资产×100%	EBITDA 为息税折旧摊销前利润，EBITDA＝税前利润＋利息费用＋折旧＋长期待摊费用摊销
债务风险	资产负债率	资产负债率＝负债总额/总资产×100%	
	带息负债比率	带息负债比率＝带息负债总额/资产总额×100%	带息负债总额＝短期借款＋一年内到期的长期负债＋长期借款＋应付债券＋应付利息
	总有息负债EBITDA 倍数	总有息负债 EBITDA 倍数＝带息负债总额/EBITDA	
	经营现金流利息倍数	经营现金流利息倍数＝（经营性现金流－营运资本变动＋利息）/利息	
资产质量	总资产周转率	总资产周转率＝营业收入/平均总资产	平均总资产＝（年初总资产＋年度总资产）/2
	单位投资新增收入	单位投资新增收入＝（本年营业收入－上年营业收入）/上年投资现金流出	
投资能力	投资收入比	投资收入比＝投资现金流出/营业收入×100%	

参 考 文 献

[1] Duke Energy reaches deal with Vote Solar Sunrun renewable energy advocates to modernize expand rooftop solar in South Carolina [J]. M2 Presswire 2020.

[2] Duke Energy and solar industry achieve milestone agreements to expand solar in the Carolinas [J]. M2 Presswire 2020.

[3] Exelon Generation to Shut down Illinois' Byron and Dresden Nuclear Plants in 2021 [J]. Manufacturing Close‑Up 2020.

[4] 杨君. 世界 500 强中的能源企业 [N]. 中国能源报，2020‑08‑17（004）.

[5] 中国大陆《财富》世界 500 强数量首超美国 但盈利水平与美国差距巨大 [N]. 汽车商报，2020‑08‑17（A02）.

[6] 中国宏观经济研究院对外经济研究所形势分析课题组. 2020 年上半年世界经济和我国外贸外资形势分析与展望 [J]. 中国物价，2020（07）：7‑9.

[7] 熊一舟. 联合国：2020 年世界经济形势与展望年中报告 [N]. 社会科学报 2020‑06‑04（007）.

[8] 李大伟，季剑军，孔亦舒，等. 2020 年世界经济形势分析与展望 [J]. 中国发展观察，2020（Z1）：20‑25.

[9] 上海清算所. https：//www. shclearing. com/xxpl/cwbg/.

[10] Enel Group. https：//www. enel. com/investors/financials.

[11] IBERDROLA. https：//www. iberdrola. com/accionistas‑inversores/informes‑anuales.

[12] TOKYO ELECTRIC POWER COMPANY. https：//www. tepco. co. jp/en/hd/about/ir/library/integratedreport/index‑e. html.

[13] KANSAI ELECTRIC POWER. https：//www. kepco. co. jp/english/corporate/pr/index. html.

[14] CHUBU ELECTRIC POWER. https：//www. chuden. co. jp/english/ir/eir _ irlibrary/eirl _ financialresults/.

[15] EDF. https：//www. edf. investors - shareholders/financial - and - extra - financial - performance.

[16] Engie. https：//www. engie. com/resultats - financiers.

[17] EXELON. https：//investors. exeloncorp. com/financials - performance/income - statement.

[18] E. ON. https：//www. eon. com/en/investor - relations/financial - publications/annual - report. html.